Édouard Tétreau

Au-delà du mur de l'argent

Stock

Couverture Atelier Didier Thimonier

ISBN 978-2-234-07736-2

« Aujourd'hui, tout entre dans le jeu de la compétitivité et de la loi du plus fort, où le puissant mange le plus faible. [...] On considère l'être humain en lui-même comme un bien de consommation, qu'on peut utiliser et ensuite jeter. [...] Il ne s'agit plus simplement du phénomène de l'exploitation et de l'oppression, mais de quelque chose de nouveau : [...] les exclus ne sont pas des "exploités", mais des déchets, des "restes". »

Exhortation apostolique
Evangelii Gaudium, pape François

Pour Antoine, Étienne,
Gaël, Guy-Emmanuel, Henri,
Laurent, Michel, Olivier, Paul…

Au pied du mur

AVANT-PROPOS

L'économie mondiale est aujourd'hui dominée par deux forces ignorant les frontières : la finance et les nouvelles technologies.

Ces deux forces, agissant ensemble, génèrent une création de richesses et d'innovations sans précédent dans l'histoire de l'humanité. Avec la mondialisation, elles ont contribué à sortir des centaines de millions de personnes de la grande pauvreté. Elles permettent la création de fortunes immenses en quelques années, sinon quelques mois, là où il fallait une vie entière pour les constituer.

Elles ambitionnent désormais, dans les laboratoires de l'Asie ou les start-up de la Silicon Valley, de modifier l'identité humaine, que l'on cherche à « augmenter » au point de vouloir effacer ses limites – à la naissance comme à la mort.

Nous vivons, plus qu'une révolution industrielle, un changement de civilisation à l'échelle mondiale.

Les êtres humains sont-ils équipés pour faire face à ce tsunami ?

Car, en même temps que la finance et la technologie semblent triompher de limites anciennes tenues pour acquises, elles font bien peu de cas d'une matière première abondante mise à leur disposition : l'espèce humaine.

La première ambition de ce livre est d'alerter sur les processus de déshumanisation rapide à l'œuvre dans nos économies et nos sociétés mondiales. Les êtres humains ou les pays qui se révèlent incapables de s'adapter à la nouvelle donne sont aujourd'hui broyés. Laissés pour compte. L'économie mondiale est devenue une économie du « *killer-takes-all* ».

On parle d'« applications qui tuent » (*killer apps*) pour définir ces nouveaux services capables, en quelques semaines, de mettre par terre des secteurs entiers de l'économie, et les emplois qui vont avec. De l'hôtellerie à l'automobile en passant par la santé, les médias, les services financiers, le transport, la distribution, aucun secteur n'est épargné. Partout où cela est possible, on va remplacer l'emploi d'un être humain, « compétitif » et formé, par un algorithme. Les « *happy few* » ayant la chance de détenir le capital de ces nouveaux outils, ou ceux qui ont (mais pour combien de temps) les compétences, le savoir-faire, ou les bons réseaux pour pouvoir vendre leur travail dans ces environnements ultra-concurrentiels, sont de plus en plus « *happy* ». Et de moins en moins nombreux.

Pour des raisons qui tiennent tant aux déséquilibres financiers qu'à l'extrême vulnérabilité technologique de nos économies et sociétés, nous sommes à la veille d'un accident majeur sur le lieu même où viennent se rencontrer l'offre et la demande de capital et de travail mondial : les marchés électroniques financiers mondiaux.

Cet accident arrive. Il sera mondial et instantané. Il aura, plus encore que le krach de 1929 ou l'alerte de 2008, de lourdes conséquences. Il va inéluctablement remettre en cause l'organisation, les hiérarchies de valeurs et les pratiques à l'œuvre dans nos sociétés.

Son imminence constitue une formidable occasion d'agir. De remettre l'argent et la technique à leur juste place : celle de serviteurs et non de maîtres de nos destins.

Pour réussir à triompher de ces deux religions dominantes – la religion de l'argent et la religion de la technique –, il va falloir inviter à la table des discussions et des décisions futures les représentants d'une catégorie d'acteurs bannis des forums politiques mondiaux depuis des siècles. Des acteurs représentant des milliards d'êtres humains, ostracisés, en tout cas dans l'hémisphère Nord, depuis les révolutions française et américaine : les grandes religions mondiales.

Ce n'est pas tout à fait un hasard si les règles actuelles du jeu économique sont si déshumanisantes : elles ont été écrites en ignorant délibérément ce que les grandes religions, expressions diverses de la conscience du caractère sacré de notre humanité, ont à dire sur le sujet, depuis des siècles voire des millénaires.

Or, de l'hindouisme à l'islam en passant par le bouddhisme, le judaïsme, le christianisme, les grandes religions du monde formulent la même recommandation : Tuez le Veau d'or avant qu'il ne vous tue. Ne laissez pas l'argent ni la technique dominer vos consciences et vos relations humaines. Cherchez la mesure, l'équilibre, pas la possession coûte que coûte. Donnez ce que vous avez reçu. Sinon, ni l'espèce humaine ni la Terre que nous habitons ne sauraient survivre longtemps à ces dynamiques de prédation.

Les religions, utilisées et détournées de leur vocation à des fins politiques, sont certainement meurtrières, pour reprendre le titre du livre[1] d'Élie Barnavi. Mais, à leur source, loin du fanatisme, elles sont l'expression même de la charité, de la

1. Élie Barnavi, *Les Religions meurtrières*, Paris, Flammarion, 2006.

fraternité et de notre pleine et entière humanité. Une humanité claudicante, fragile, et infinie. Le moment est venu de rouvrir leurs livres, et de redécouvrir leurs doctrines sociales, pour comprendre ce qu'elles ont à nous dire et nous proposer comme alternatives à l'économie déshumanisante de notre siècle. Faire l'inverse, continuer d'ignorer les livres des grandes religions sur les questions de notre temps, cela a un nom, en Afrique. Un nom sinistre : « Boko Haram ». À chacun son obscurantisme.

C'est la deuxième ambition de cet essai : en proposant un chemin très concret pour la mise en œuvre de recommandations tout aussi concrètes, pour l'économie d'aujourd'hui, appeler les grandes religions à réinvestir ensemble ce débat. Et à se faire entendre, le plus vite et le plus clairement possible, des décideurs politiques, économiques et financiers de l'économie mondiale.

Je propose en fin de livre l'organisation d'une telle conférence, inédite : un « Bretton Woods » des grandes religions et de la finance internationale.

Il ne s'agit pas de se substituer aux États, mais de constater que ces derniers ont lamentablement échoué, depuis la crise de 2008, à remettre le ludion à l'endroit. Il est temps qu'ils s'appuient à nouveau sur l'expérience et la sagesse des grandes religions, dans ce qu'elles ont de meilleur, pour organiser la protection et la survie de ce que nous avons de plus sacré : nous-mêmes, avec nos limites et nos faiblesses.

Parce que les religions n'ont pas le monopole de l'humanisme, il faudra embarquer dans cette conférence toutes les philosophies laïques qui partagent ce même objectif. Non pas l'orgueil, ou l'exaltation de la volonté de toute-puissance – qu'apportent notamment la finance et la technologie –, mais bien le souci de l'Autre. La fraternité des êtres humains qui se savent vulnérables et mortels, ayant en partage le même Père, ou la même destinée ici-bas.

Le temps presse, pour deux raisons : d'abord, parce que cet accident majeur, au rythme où se déploient les déséquilibres actuels, est imminent. Ensuite, parce que l'Église catholique s'est récemment dotée d'un chef dont l'audience mondiale va bien au-delà du contingent des 1,2 milliard de catholiques dans le monde. Or ce pape-là a quelque chose de singulier à dire concernant l'économie. Et il n'entend pas le faire seul dans son coin, uniquement pour sa « paroisse ». Ainsi de la publication de son encyclique « sur la sauvegarde de la Maison commune », qui s'adresse « à chaque personne qui habite cette planète »[1]. Dans un monde en flammes où certains agendas purement politiques, justement nourris de ces déséquilibres économiques et d'un sentiment d'injustice profond, veulent nourrir le

1. Encyclique *Laudato Si*, § 3.

fantasme d'une guerre des religions, l'action et la personnalité du pape François offrent un espoir. Un espoir de paix, d'action œcuménique. Et un espoir pour rendre nos économies plus humaines, et nos sociétés plus vivables.

Voici comment.

Un pape au pied du mur

Un pape peut-il changer la face du monde ? Sans remonter à l'apôtre Pierre ou aux actions de ses 265 successeurs, l'histoire récente le suggère.

Jean-Paul II, pour ne citer que lui, fut l'un des principaux artisans de la chute du communisme en Europe de l'Est, et de l'effondrement de l'URSS. Ses voyages répétés en Pologne, de 1979 à 1987, son soutien déclaré au mouvement Solidarność de Lech Wałęsa, ont constitué les premières brèches dans le rideau de fer. L'autre grand artisan de cet effondrement, Mikhaïl Gorbachev, le reconnaîtra d'ailleurs volontiers : « Rien de ce qui s'est passé en Europe de l'Est n'aurait été possible sans la présence de ce pape[1]. »

Or, sauf à envisager que les 111 cardinaux électeurs avaient choisi par hasard ou par erreur ce

1. Mikhaïl Gorbatchev, *Mémoires*, Paris, Éditions du Rocher, 1997.

jeune évêque polonais (cinquante-huit ans lors de sa nomination) comme leur chef, telle était bien la volonté de l'Église catholique : faire tomber « de l'intérieur » l'une des dictatures les plus implacables et les plus meurtrières du XXe siècle, qui tenait pour nulles et non avenues la dignité et la liberté de la personne humaine.

Un quart de siècle après l'effondrement du communisme, quel mur, quel totalitarisme ennemi de la dignité et de la liberté humaines, le pape François, nouveau chef de l'Église catholique, va-t-il contribuer à faire tomber ?

*

Mon intuition et mon espoir sont qu'il va contribuer à faire tomber un mur auquel chacun de nous est aujourd'hui confronté. Non pas le « mur de l'argent », version Édouard Herriot 1924, ou Front populaire 1936, qui fleurait bon la lutte des classes et la haine de l'autre, du « riche » – cette haine qui fondait les dictatures communistes du XXe siècle –, mais le mur de l'économie folle du XXIe siècle. Une économie où triomphent simultanément les technologies disruptives – celles qui nous apportent des progrès gigantesques, tout en défiant nos identités et nos limites humaines – et l'argent fou.

Prises dans cette double spirale financière et technologique qui accélère la mondialisation, les sociétés humaines se débattent comme elles le peuvent, avec l'aide de gouvernements dépassés par l'ampleur et la vitesse de la transformation. Aux quatre coins du globe, une vérité constante se révèle : les « gagnants » de la compétition économique sont de moins en moins nombreux. Et l'écart entre les gagnants et les perdants ne cesse de s'accroître[1]. Tout comme les tensions et les peurs à l'intérieur de chaque société et entre les différents pays.

Le XXe siècle est donc celui du retour des nationalismes et des tribalismes les plus primaires.

C'est précisément là que le nouveau pape est attendu. Au pied de ce mur. Comme le peuple d'Israël, au pied de celui de Jéricho, il s'agit de frapper un coup, un seul, au bon endroit et au bon moment, pour faire tomber les murailles en apparence les plus indestructibles.

Pour moi, cet endroit se trouve à New York, siège des Nations unies et capitale de la finance mondiale, avec Wall Street. Et le bon moment, c'est maintenant. Au moment même où ce livre est publié, c'est-à-dire septembre 2015.

1. « Nous avons atteint un point critique. Les inégalités dans les pays de l'OCDE n'ont jamais été aussi élevées depuis que nous les mesurons », c'est-à-dire depuis trente ans, indiquait José Ángel Gurría, secrétaire général de l'OCDE, lors de la publication d'un rapport de l'OCDE sur les inégalités le 21 mai 2015. Dans les 34 pays de l'OCDE, les 10 % les plus riches de la population ont un revenu 9,6 fois supérieur à celui des 10 % les plus pauvres.

*

Un mot concernant ce pape sur lequel je fonde cet espoir et ce pari.

D'abord, il cumule les titres de « premier ». Premier pape venu du Nouveau Monde, et non de l'Occident. Premier pape jésuite, c'est-à-dire issu d'un ordre « dans le siècle », confrontant les réalités du monde au lieu de les fuir ou de les idéaliser. Premier pape à prendre le nom de François, celui de saint François d'Assise, le « petit frère des pauvres », allant sans façon et sans prévenir au contact des plus pauvres, des plus miséreux. Au contact de ceux que notre monde ne veut plus voir ni toucher, des bidonvilles de Manille aux prisons les plus inhumaines de l'Occident. Enfin, le premier pape à demander, le jour de son élection, aux 1,2 milliard de catholiques dans le monde, de prier pour lui.

Ce n'était pas une coquetterie, ni une formule en l'air. Ce pape-là a effectivement besoin que l'on prie pour lui, ou qu'on le soutienne : les actions qu'il a initiées pour transformer l'Église catholique comme le monde sont particulièrement dangereuses et dérangeantes. Voilà un homme, fidèle à une certaine tradition jésuite, n'hésitant pas à bousculer les ordres un peu trop vite établis, qui sont les pires désordres et injustices. Le nettoyage en cours des écuries d'Augias de l'Église, des scandales pédophiles jusqu'aux mystères de la banque du Vatican (IOR), c'est lui. Le questionnement du bien-fondé de l'une des mesures les plus inhumaines, les plus contraires au message de rédemption des Évangiles, à savoir interdire la communion des personnes divorcées, c'est lui. La dénonciation de la « corruption qui pue comme un animal mort », en mars 2015 à Naples, capitale de la mafia la plus dangereuse, c'est lui. Le rudoiement des cardinaux de la Curie, deux jours avant Noël 2014, pour les alerter sur leurs 15 risques de « maladies »[1], c'est lui.

Ce pape n'a pas peur de se faire des ennemis aussi considérables que proches de lui, physiquement.

Son parcours et ses prises de risque lui confèrent une forme d'audience, voire d'autorité mondiale débordant largement la sphère catholique. Il en use et, pour ses détracteurs, en abuse, investissant des sujets mondiaux tels que l'environnement et le climat. Sans doute est-ce aussi le reflet d'un monde multipolaire, fragmenté, justement en panne de leadership mondial. Ainsi, quel qu'il soit, le président des États-Unis d'Amérique, première puissance économique et militaire mondiale et qui le restera encore quelque temps, est disqualifié pour

1. « Alzheimer spirituel », indifférence, « visage lugubre », commérage, vanité, médisance, « profit mondain », exhibitionnisme, etc. Liste complète ici : http://www.la-croix.com/Religion/Actualite/Pape-Francois-le-texte-integral-du-discours-des-15-maladies-2014-12-24-1258379.

traiter la question de l'argent fou et des technologies dominatrices au XXIe siècle. La démocratie américaine est devenue trop dépendante de ces deux forces pour tenter de les contenir – ou de les confronter. Imagine-t-on l'actuel ou le futur président américain se dresser contre la Silicon Valley ou Wall Street, dont les entreprises et les dirigeants sont aujourd'hui les principaux sponsors des élections américaines[1] ?

Pour des raisons inconnues, et que nous découvririons bientôt, le pape François, soixante-dix-huit ans et un seul poumon, est animé par un sentiment d'urgence. Répétant à qui veut bien l'entendre que son mandat sera bref[2], il sait que le temps lui est compté pour accomplir son œuvre transformatrice.

À l'instar de saint Pierre, quittant le vieux monde de la Palestine pour Rome, il est grand temps que le pape François aille mettre son grain de sel ou de sénevé au centre de l'empire dominant le monde aujourd'hui. Un monde où triomphent simultanément l'avènement des nouvelles technologies cherchant à transformer nos identités biologiques et le retour de la barbarie ; la surabondance financière et l'extrême vulnérabilité des êtres humains.

---

1. Les trois premiers secteurs contributeurs au cycle des élections de 2012 furent les sociétés financières, les sociétés d'avocats, et les sociétés immobilières. Source Center for Responsive Politics.

2. « J'ai le sentiment que mon pontificat sera bref, quatre ou cinq ans, peut-être même deux ou trois », déclarait-il le 14 mars 2015, soit… deux ans après son élection !

I

Les fissures dans le mur – de Rome à New York

Un outsider dans les coulisses du Vatican – ombres et lumière

Nous sommes une trentaine, réunis dans la Chambre de la Signature du Vatican, assis autour de deux des cardinaux parmi les plus influents – dit-on – au Vatican en cet automne 2014. Le musée est fermé depuis quelques heures. Il n'y a plus que nous, pour contempler les fresques de Raphaël en cette fin de journée pas tout à fait comme les autres.

Autour de moi : plusieurs prélats ; deux anciens présidents du Conseil italiens ; les dirigeants de certaines des plus importantes institutions financières et entreprises italiennes ; des hommes et femmes d'influence, mais ayant tous en commun un engagement marqué pour les œuvres de l'Église catholique.

Les fresques de Raphaël sont poignantes. Elles éclatent dans le silence et la pénombre qui nous entourent.

Je regarde ce théâtre d'ombres, où chacun s'exprime avec déférence et sans élever la voix. Silences, demi-mots, imperceptibles mouvements de visage. Dans cette antichambre du pouvoir de l'Église catholique, les murs sont les gardiens, depuis des siècles, de tant de secrets, de décisions historiques – ou de scènes triviales.

Les circonstances ont voulu que je sois non pas acteur mais témoin, depuis l'été 2014, de la façon dont a été prise au Vatican, à Washington DC et à New York, la décision de faire venir le pape François à New York en septembre 2015, pour y prononcer les discours et y poser les gestes susceptibles de transformer les consciences, et les décisions futures, des leaders économiques et politiques du monde entier.

Le Vatican, comme tout lieu de pouvoir, est un concentré d'ambitions personnelles, de compétitions d'influences. Un univers secret et qui doit le rester : quel *outsider* – et j'en suis un – serait légitime pour dévoiler les secrets de fabrication d'une décision aussi importante ? Je ne peux donc pas dire grand-chose du contenu des discussions qui ont pu avoir lieu à ce sujet, entre la secrétairerie d'État

– le gouvernement du Vatican, sa diplomatie –, les « nonces apostoliques », la Compagnie de Jésus (l'ordre des jésuites), les différents « dicastères » (ministères du Vatican), en particulier ceux chargés des questions économiques, sociales (conseil pontifical Justice et Paix) et culturelles, au sens large du terme. Ainsi, le conseil pontifical pour la Culture travaille au Vatican sur ce qui caractérise le monde contemporain : science, économie et finance, Internet et réseaux sociaux, *mass media*, indifférence religieuse et non-croyance, etc.

Mais le contexte dans lequel cette décision a été prise permet de mieux comprendre ce qui vient.

Dans ces semaines de « lobbying », pour convaincre le pape François d'étendre son séjour américain qui devait initialement se limiter au Congrès mondial des familles à Philadelphie, j'ai croisé nombre de personnages étonnants. Hommes de l'ombre, hommes de pouvoir et de responsabilités. Les « visages lugubres », dont parlait le pape François dans son adresse à la Curie, à Noël 2014. Et d'autres, lumineux. Le Vatican est à l'image de la ville et du pays qui l'enserrent : Rome et l'Italie. Des ombres noires et une lumière éclatante, aveuglante. L'histoire concrète, et non la mythologie rêvée, suinte des murs. Si l'on soulevait chaque pierre ou chaque motte de terre des 44 petits hectares que constitue la Cité du Vatican, cette histoire vous sauterait à la figure, dans toute sa tragédie. Ainsi des ossements du premier disciple du Christ, Pierre, crucifié la tête en bas dans ce qui était le cirque de Caligula – aujourd'hui les sublimes jardins du Vatican –, et que l'on découvrit presque par hasard en 1940.

À une encablure du tombeau de Pierre, au numéro 4 du Borgo Santo Spirito, se trouve le siège de l'ordre des jésuites, la « Curia Generalizia SJ ». Elle ressemble à n'importe quel édifice administratif romain. J'y retrouve lors d'une de mes visites l'un des neuf responsables de ce quartier général d'un ordre comptant 18 000 membres actifs dans le monde entier. L'air de l'après-midi est léger ; les touristes nombreux aux alentours. *Gelati*, *selfies* et jolies filles animent les rues avoisinantes, dont la Via della Conciliazione, ce boulevard ouvert en 1936 pour fêter la « réconciliation » entre l'État italien et le Vatican (suite aux accords de Latran de 1929). Mon interlocuteur est habillé on ne peut plus simplement. Sandales, chemise de toile et pantalon d'été. Pas de décorum, à l'instar de son ancien collègue, Jorge Mario Bergoglio, devenu pape, que l'on peut voir à la machine à café dans la résidence Sainte-Marthe[1], entre deux rendez-vous.

1. Résidence hôtelière du Vatican, sobre voire austère, où le pape François a choisi de résider.

L'humeur est badine, jusqu'à ce que l'on parle du quotidien de mon interlocuteur : la gestion des « ressources humaines » de cet ordre, en particulier dans les endroits les plus dangereux du globe. Le père néerlandais Frans van der Lugt, soixante-quinze ans, venait de se faire assassiner chez lui, à Homs, en Syrie, par les barbares djihadistes. Il vivait dans ce pays depuis cinquante ans. Neuf mois plus tôt, son collègue italien Paolo Dall'Oglio était porté disparu.

Ces dix dernières années, 230 religieux catholiques (prêtres, « opérateurs pastoraux ») ont été assassinés dans le monde entier[1]. La courbe est en croissance, et touche tout le monde, du curé de la plus petite paroisse en Mésopotamie jusqu'aux grands évêques latino-américains. Parfois même au cœur de l'Église.

Tout cela, le pape François, qui a béatifié le cardinal Romero, assassiné en pleine homélie le 24 mars 1980 pour avoir osé défier la junte militaire salvadorienne[2], le sait bien. D'ailleurs, pourquoi prend-il

1. Source agence Fides.

2. La veille, Óscar Romero avait prononcé une homélie appelant au réveil des consciences des soldats de cette armée : « Un soldat n'est pas obligé d'obéir à un ordre qui va contre la loi de Dieu. Une loi immorale, personne ne doit la respecter. Il est temps de revenir à votre conscience et d'obéir à votre conscience plutôt qu'à l'ordre du péché. Au nom de Dieu, au nom de ce peuple souffrant, dont les lamentations montent jusqu'au ciel et sont chaque jour plus fortes, je vous prie, je vous supplie, je vous l'ordonne, au nom de Dieu : arrêtez la répression ! »

son café à la machine, et habite-t-il la simple résidence Sainte-Marthe, et non les appartements somptueux du Vatican ? Par pure coquetterie anti-décorum ? Non. « Parce que si on veut l'empoisonner, il faudrait du même coup empoisonner les 150 personnes qui prennent leurs repas et leurs cafés chaque jour au réfectoire de Sainte-Marthe », m'expliquait ce prêtre, assez au fait des questions de sécurité au Vatican, notamment depuis la mort subite de Jean-Paul Ier, après un mois de pontificat. « On peut camoufler un assassinat. Mais 150 cadavres, c'est plus compliqué… En somme, ce sont les autres qui protègent le pape. »

À Rome et au Vatican, le burlesque n'est jamais très loin de la tragédie. La beauté éclatante et la chaleur de la ville font s'évanouir le touriste chinois, au début du film *La Grande Bellezza*. Je pensais à cette scène en marchant sous un soleil de fin d'été vers le Quirinal, où j'avais rendez-vous avec un ancien président du Conseil italien. Pas ecclésiastique ni berlusconien pour deux sous, ce *senatore* jouit d'une belle réputation, et d'une influence apparemment grande auprès du Saint-Siège. Son soutien sera déterminant pour faire avancer l'idée d'un « *Papa Francesco a New York* » auprès des bonnes personnes.

À l'entrée du Quirinal, deux *carabinieri* aux uniformes éclatants montent la garde sans excès de zèle. Une belle Romaine passe devant eux. Ils en oublient leur fonction, lancent un compliment sonore ; la passante se retourne, flattée, engage la conversation. Les *carabinieri* ajustent leurs Ray-Ban, commencent à rouler des mécaniques... jusqu'à ce que, me voyant arriver avec un homme de Dieu, prêtre en robe de bure grise, ils se mettent tout de suite au garde-à-vous.

On peut badiner avec tout, à Rome. On peut moquer – et on moque souvent – l'apparat des grands cardinaux. Mais personne ne moque la simplicité d'un curé en mission.

Cet homme, c'est Laurent Mazas, un de mes amis prêtres. Nous nous connaissons depuis quelques années. Lors d'un précédent séjour à Rome, il m'avait ouvert quelques-unes des portes les mieux fermées du Vatican. En commençant par ses jardins, où seul le pape, en principe, a le droit de se promener.

Parce qu'il faut, pour naviguer dans les arcanes du Vatican, des ouvreurs de portes. Les lieux où se prennent réellement les décisions, les personnes qui les influencent véritablement, ne se donnent pas à voir au premier regard, et ne se laissent pas approcher si facilement. Il m'a fallu des semaines avant de franchir le seuil de la porte du conseil pontifical Justice et Paix, l'un des ministères les plus importants du Vatican pourtant logé en dehors des murs de la cité vaticane, dans le quartier de

Sainte-Marie-du-Trastevere. Le palais San Callisto, étrange polygone, où se loge ce ministère en charge de la doctrine sociale de l'Église, ainsi que l'un des ministères hélas promis à une très grande activité au XXIe siècle : le conseil pontifical pour les Migrants – 232 millions de personnes dans le monde.

Mon « ouvreur de portes » et ami, Laurent Mazas, anime une belle initiative, mondiale : le « Parvis des gentils », chargé de promouvoir le dialogue entre les catholiques, les croyants de toutes religions, et les non-croyants. L'inspiration est celle de l'esprit d'Assise[1], du nom de l'initiative de Jean-Paul II, pour encourager le dialogue des religions, au moment où les barbares voudraient les dresser les unes contre les autres. « Petit gris » de la communauté Saint-Jean, il est connu comme le loup blanc au Vatican : dans ce quartier général de l'Église catholique mondiale, où les robes cardinalices croisent les costumes et, trop souvent, les mines sombres des hommes de pouvoir et de responsabilités, ce fils de Savoyards, skieur émérite, promène dans tous les cénacles sa robe de bure grise et sa jovialité. L'une et l'autre, rares, se repèrent de loin.

Il me raconte ses dernières opérations : un « Parvis » à Palerme sur l'État de droit. Aller défier les

1. Journée de prière pour la paix ayant réuni les personnalités de 12 religions mondiales le 27 octobre 1986 à Assise.

chefs mafieux du monde entier dans leurs villes, leur rappeler que le meurtre d'un seul homme est un crime contre l'humanité tout entière ; enseigner à Palerme le primat du droit et de la conscience humaine, pour vider de leur substance les liens ancestraux, glauques et coupables entre la mafia et quelques baronnies locales de l'Église, n'est pas donné à tout le monde. « Lors des cérémonies de la Semaine sainte, dans certains villages de Sicile ou de Calabre, la tradition veut que les chefs mafieux se promènent avec un cierge dans les mains, dont le diamètre est équivalent à la gravité de leurs péchés. Quand tu vois un cierge monumental, tu comprends que le chef n'a pas fait que voler des poules cette année-là. C'est cela que nous voulons arrêter : la mascarade et la bonne conscience à moindres frais, avec la complicité de quelques prêtres. La rédemption, elle commence par le sens de la responsabilité. Se savoir pécheur. »

Plus récemment, il organisa le « Parvis des enfants », pendant lequel 500 enfants des banlieues les plus dangereuses de Naples – celles du film *Gomorra* – sont venus en TGV spécialement affrété pour l'occasion. Débarqués à la gare du Vatican, rouverte pour l'occasion, ces enfants de dealers, petits et gros bonnets des mafias locales, promis à un avenir sombre et sanglant, sont venus rencontrer le pape François. Ce dernier, bousculant comme à son habitude le protocole, leur consacra tout son temps. Pour les chrétiens, il n'y a pas plus important que les enfants ; les plus fragiles. Et Dieu sait si ces enfants-là le sont.

Un matin de juin 2014, je me rends au bureau du père Mazas, 5, Via della Conciliazione. Fait inhabituel : un garde mobile, armé, filtre l'accès. Des menaces islamistes suffisamment précises avaient été identifiées la veille contre l'un des cardinaux travaillant dans ces bureaux. Les bureaux du conseil pontifical pour la Culture. Quoi de plus dangereux que la culture et la connaissance, en effet, pour les barbares. Le père Mazas balaie d'un revers de main l'idée même que ces menaces puissent entraver son travail : « Oui, nous dérangeons. Nous sommes des cibles. Rien d'exceptionnel à cela : c'est notre vocation de chrétiens », dit-il en m'indiquant la croix au-dessus de son bureau.

La conversation démarre sur le pape François :

« Quel pape, tout de même ! Quelle chance nous avons. Enfin un pape que le monde entier comprend : les catholiques qui vont encore à la messe, et ceux qui n'y vont plus ; les chrétiens et les non-chrétiens. » Je lui dis tout mon espoir de chrétien dans la capacité de ce nouveau pape à « changer la donne ». De « Qui suis-je pour juger » les homosexuels, au mur qu'il touche à Bethléem[1]

1. Avant d'inviter au Vatican le président de l'Autorité palestinienne Mahmoud Abbas, et son homologue israélien à l'époque, Shimon Peres, « à élever ensemble avec moi une prière intense

en Palestine, ses gestes et ses paroles ont une résonance particulière dans le monde actuel. Ils invitent chacun, à commencer par les membres de l'Église catholique, à remettre en cause certaines séparations, certaines murailles érigées trop vite, et toujours pour de mauvaises raisons, entre les hommes. Du mur de l'indifférence aux murs de tous les ostracismes.

Est-ce que ce pape n'a pas un rôle historique à jouer pour, non pas « débrancher » la machine économique mondiale, mais « faire tomber » le mur de l'économie folle du XXIe siècle, comme Jean-Paul II a fait tomber le mur de Berlin et du communisme – avec l'aide de Ronald Reagan ? Ouvrir une brèche dans ce mur implacable qui se dresse entre les gagnants et les perdants de l'économie mondiale à la vitesse, désormais, d'un algorithme ? Ces robots qui investissent, consomment, produisent et parfois même décident[1] de plus en plus à notre place.

Ouvrir une brèche. Celle de la conscience humaine. Celle du primat des êtres humains, et des sociétés humaines, sur l'économie et la technologie.

---

pour demander à Dieu le don de la paix. J'offre ma maison au Vatican pour que cette rencontre de prière ait lieu ».

1. Ainsi de l'algorithme VITAL (Validating Investment Tool for Advancing Life Sciences), qui est aujourd'hui administrateur de Deep Knowledge Ventures, société de capital-risque à Hong Kong ! « Bientôt des robots dans nos conseils d'administration », *Les Échos*, 21 mai 2014.

« Mais quel mur pourrait-il aller toucher, ébrécher ? – Le mur de Wall Street, bien sûr. » Toucher le cœur et les poumons d'une économie qui exclut de plus en plus les êtres humains, et exacerbe les inégalités entre eux.

Six mois plus tard, cette idée un peu folle – « toucher le mur de Wall Street », depuis le pupitre de l'ONU, ou celui du Congrès américain, ou lors d'une visite symbolique dans l'un des quartiers[1] les plus défavorisés de New York – était devenue une réalité, confirmée par la diplomatie vaticane, par la voix de Mgr Auza, nonce apostolique à New York, auprès des Nations unies, et maître d'œuvre de cette visite historique avec Mgr Vigano, son homologue à Washington DC.

Le cheminement qui a conduit cette idée à se transformer en réalité ne m'appartient pas, loin de là. Je ne suis pas homme d'Église, et n'y exerce aucun titre ni aucune fonction. La mécanique du Vatican est complexe, comme l'adjectif « interdicastériel[2] » que j'y ai appris, lorsque, à quelques-uns, nous essayions à l'automne 2014 de convaincre que le projet d'un « *Papa Francesco a New York* » n'était pas si *stupido* que cela – pour reprendre

1. Incluant les « quartiers » de prisonniers (les prisons), quelque part entre New York, Philadelphie et Washington DC.

2. Interdicastériel. Entendu dans les palais pontificaux : « Faites de l'interdicastériel si vous voulez que votre projet avance »...

l'expression de cet ancien président du Conseil, un peu sceptique. La mécanique du Vatican est complexe, et mouvante. Particulièrement au moment où le pape chamboule de fond en comble la gouvernance de la Curie, comme c'est le cas actuellement.

Il y eut, bien sûr, quelques moments que nous espérions décisifs. Comme cette conversation privée, dans la Chambre de la Signature du Vatican, à l'ombre des fresques de Raphaël. L'occasion de susurrer un mot, à la bonne oreille du bon cardinal au bon moment. Et de laisser faire ensuite une mécanique temporelle et spirituelle, qui m'a largement échappé…

AGIR – ET ÉCRIRE – AVANT QU'IL NE SOIT TROP TARD

La seule chose que je revendique est d'avoir rédigé, à l'automne 2014, une note[1] pour le conseil pontifical pour la Culture. La thèse que j'y exposais, de façon un peu excessive d'après certains de mes détracteurs, est en train de prendre corps sous nos yeux : la déshumanisation de nos sociétés du fait d'un jeu économique exacerbant les différences, le sentiment d'injustice, et donc la violence entre les

1. Reprise au prochain chapitre II, page 63.

personnes humaines, et les pays. Mais cette déshumanisation se produit à une vitesse et avec une ampleur que je ne soupçonnais pas. Et ceux qui peuvent agir sur cette réalité inquiétante – responsables politiques, économiques et financiers – se situent désormais à l'extérieur des murs du Vatican et du petit cercle des lecteurs de ma note.

Or que s'est-il passé depuis l'automne 2014 ? Nous avons perdu la maîtrise de la financiarisation et la digitalisation de nos économies et sociétés. La financiarisation, d'abord : début 2015, la Banque centrale européenne s'est elle aussi jetée à corps et fonds perdus dans le « *quantitative easing* », le rachat *illimité* d'obligations d'État. Comme le crédit *illimité* du comte de Monte-Cristo, auprès de la banque Danglars – qui finira en faillite[1].

À l'heure où ce texte est publié, il circule tant d'argent que les taux d'intérêt deviennent négatifs ou nuls sur les obligations de grands États, même ceux perclus de dettes et sans perspective de croissance suffisante pour les rembourser. Si vous prêtiez 100 euros à l'Allemagne en avril 2015, vous acceptiez qu'elle vous rende une somme inférieure dix ans plus tard. Si vous prêtiez la même somme à l'Italie (dette égale à 132 % de son PIB[2]), le taux était d'à peine 1,7 %.

---

1. Alexandre Dumas, *Le Comte de Monte-Cristo*, chapitre CVI, « Le partage ».
2. Produit intérieur brut. Source Istat.

Taux d'intérêt négatifs ou nuls. Le monde financier se met la tête à l'envers, et en jouit sans retenue. Dans les banques et les fonds de « *private equity* », on a beau se verser bonus et primes sans limites, cela ne suffit pas à absorber l'excès d'argent. Alors, on fait tout pour le dissimuler, le différer, le thésauriser – mais toujours hors de portée de ceux qui en ont vraiment besoin, à commencer par les pauvres, et les États surendettés.

Dans les entreprises, c'est la même chose : en 2014, les 500 premières entreprises américaines cotées (S&P 500) ont généré plus de 1 000 milliards de dollars de profits[1]. Elles ne savent pas quoi en faire : elles ont donc distribué 350 milliards de dollars en dividendes, racheté leurs propres actions (ce qui s'appelle « réduire le capital ») pour 550 milliards de dollars. Malgré cela, il reste aujourd'hui encore trop d'argent dans leurs soutes – leurs « trésoreries », qui atteignent des niveaux record : 1 400 milliards de dollars fin 2014[2].

C'est le dilemme quotidien de mes clients : que faire des excédents financiers ? Les rendre à des actionnaires qui ne savent plus eux-mêmes où l'investir ? Ou les réinvestir dans l'économie, malgré des perspectives de croissance de long terme très incertaines ? L'excès de liquidités dans l'économie

1. Source S&P Dow Jones Indices, 23 mars 2015.
2. Source Factset Cash & Investment, 19 mars 2015.

mondiale masque difficilement une panne de projets et d'envie d'aller de l'avant de la part de nombreux acteurs privés. Comme si l'horizon, le « ciel économique », se refermait.

Un mois passé aux États-Unis en février 2015 m'a convaincu d'une chose : le retour d'un épisode similaire à la crise des *subprimes* est déjà inscrit dans les statistiques et les comportements[1]. À nouveau, comme avant 2008, 40 % des crédits à la consommation américains sont attribués à des pauvres ; des abîmés de la vie, sans travail, sans domicile, sans famille. Pour eux, le taux d'intérêt n'est pas négatif, mais usuraire : souvent supérieur à 15 %.

Oui, l'argent à taux d'intérêt négatif déborde en haut de la pyramide, comme une fontaine de champagne. Les gouttelettes atteignent les pauvres, selon la loi à la mode aujourd'hui, celle du « *trickle down* » (l'argent qui ruisselle). Mais, bizarrement, eux doivent payer au prix fort pour avoir le droit de boire ces gouttes. Avec intérêts.

Ces produits « toxiques » (des prêts dont les banques américaines savent pertinemment qu'ils ne seront jamais remboursés) irriguent donc à nouveau l'économie mondiale. Ils sont d'autant plus recherchés que, dans un environnement à taux d'intérêt très faibles, les investisseurs institutionnels – en particulier les caisses de retraite et les compagnies

1. « Crise des *subprimes*, saison 2 », *Les Échos*, 5 mars 2015.

d'assurances – cherchent désespérément des produits offrant des rendements attractifs. Pour y arriver, ils doivent donc prendre plus de risques. Et parfois, comme cela a été le cas en 2008, il leur faut fermer les yeux ou faire mine de ne pas voir les produits « pourris » qu'ils choisissent.

Jusqu'à ce que la réalité économique – celle d'une croissance économique décevante – vienne débusquer les chimères des financiers. L'accident de marché viendra – des États-Unis, ou d'un autre endroit[1], peu importe. Lorsqu'il se produira, il sera accompagné d'un sentiment légitime et mondial d'injustice. Celle d'une économie qui démultiplie la richesse des riches, et aggrave la précarité de ceux qui n'ont rien, ou trop peu. En mars 2015, Forbes célébrait l'augmentation du nombre de milliardaires dans le monde (1826, +290). Un peu plus tôt, à Davos, l'ONG Oxfam soulignait qu'en 2016, 1 % de la population mondiale détiendrait plus de richesses que les 99 % restants.

Les apôtres du « *trickle down* » ont beau réciter à tue-tête leur catéchisme, les faits sont têtus.

1. Les risques d'« accident » existent aujourd'hui essentiellement aux États-Unis et en Chine (croissance moins forte qu'attendu dans ces économies très endettées, relèvement trop brutal des taux d'intérêt), ainsi que dans la sous-estimation du risque d'« effet domino » d'une faillite d'un pays de la zone euro. La fragilité de certaines institutions financières européennes (banques régionales allemandes), le manque singulier et paradoxal de liquidités (Solvency 2, Bâle 3) sur le marché interbancaire sont aussi des sources de risque.

Cette « rechute favorable » est rendue impossible par les pratiques et incitations actuelles des grands acteurs de l'économie visant à thésauriser voire à dissimuler les richesses accumulées. L'optimisation fiscale à outrance, quand il ne s'agit pas de fraude fiscale, représente des dizaines de milliers de milliards de dollars de richesses « bloquées » en haut de la pyramide[1].

La constitution de bulles spéculatives sur plusieurs catégories d'actifs financiers, en particulier certains marchés actions, l'immobilier de prestige dans les grandes capitales mondiales, et le marché mondial de l'art, où se multiplient les ventes record et les transactions suspectes, participe aussi à ce phénomène. La richesse produite par le haut, de façon artificielle et passive grâce aux créations monétaires des banques centrales du monde entier, est comme bloquée dans ces trappes à valeur. Elle ne descend pas ; évite soigneusement les structures de redistribution (trésors publics) qui permettraient de la diffuser dans l'ensemble de la société d'un pays. Ou de la société mondiale.

Telle est la réalité du temps présent : la Grèce et ses 11 millions d'habitants risque de faire faillite, incapable de collecter une poignée de milliards d'euros – ceux que ses citoyens et institutions

1. Entre 21 000 et 32 000 milliards de dollars seraient cachés dans les paradis fiscaux, d'après une étude de juin 2014 du Tax Justice Network.

les plus riches soustraient à l'impôt. Et, dans le même temps, le très opaque et très manipulé marché mondial de l'art, vers lequel se tournent les fortunes les plus estimables mais aussi celles du grand banditisme en quête d'argent à blanchir facilement, a doublé de valeur en cinq ans, pour atteindre le montant record de 51 milliards de dollars en 2014[1].

Le *trickle down*, dans l'économie mondiale de 2015, est un conte à dormir debout. Faut-il s'en consoler en espérant que le prochain Picasso[2], qui peindra l'enfer du nouveau Guernica, sera peut-être grec, et s'inspirera du chaos dramatique – retour des dictatures inclus – que va vivre la Grèce, abandonnée par ses citoyens les plus riches, et pressurisée par ses créanciers mondiaux ?

UNE MENACE IMMINENTE D'ACCIDENT FINANCIER... OU DIGITAL

Quant à la digitalisation de nos vies et sociétés, son rythme ne fait que s'accélérer. Il y a les petits progrès, comme le sympathique projet

1. Source 2015 Art Market Report, European Fine Art Foundation.
2. Qui détient, au moment où ce livre est écrit, le record du tableau le plus cher au monde : 174 millions de dollars pour *Femmes d'Alger*.

collaboratif et ouvert « Open Worm Project », qui, avec quelques milliers de dollars, a décortiqué, pour la reproduire en intelligence artificielle, la séquence neuronale d'un ver de terre. Elle l'a ensuite appliquée à un robot Lego. Un robot désormais capable de marcher, de se retourner quand on l'appelle. De s'arrêter et de faire demi-tour quand il heurte un mur[1].

Dans quelques mois, lorsqu'une start-up mieux financée dupliquera l'intelligence d'un cobra, d'un renard, d'un lion, et la greffera non pas sur un robot Lego inoffensif, mais sur une machine de guerre, il sera trop tard pour crier au loup.

Les voix les plus autorisées, les plus médiatiques ont beau s'exprimer sans ambiguïté sur la vulnérabilité des êtres humains face aux progrès de l'automatisation de nos sociétés et de l'intelligence artificielle, rien n'y fait. Elon Musk, fondateur de Tesla et du projet SpaceX, a lancé cet avertissement : « Nous devons faire très attention avec l'intelligence artificielle. C'est probablement la menace existentielle la plus forte aujourd'hui[2]. »

1. http://edition.cnn.com/2015/01/21/tech/mci-lego-worm/index.html « Scientists upload a mind's worm into a Lego robot ».

2. « *I think we should be very careful about artificial intelligence. If I had to guess at what our biggest existential threat is, it's probably that. So we need to be very careful* », Boston, MIT AeroAstro Centennial Symposium, 22-24 octobre 2014.

Bill Gates, fondateur de Microsoft et de la fondation Bill & Melinda Gates, exprime la même crainte : « Je suis dans le camp de ceux qui s'inquiètent de la "super-intelligence" artificielle[1]. »

Stephen Hawking, lors de son interview à la BBC en décembre 2014, est encore plus explicite : « L'intelligence artificielle pourrait signifier la fin de l'espèce humaine. »

Comme une évidence, les automates et l'intelligence artificielle se déploient autour de nous. J'ai l'impression que ce déploiement s'accélère de façon singulière depuis Noël 2014. J'ai eu beau résister longtemps : Uber connaît désormais tous mes trajets, a accès à tous mes contacts, mes habitudes. Il va bientôt me dire à quelle heure partir pour être à l'heure à mon rendez-vous. Aurai-je encore la liberté de choisir ma route ? De choisir d'arriver en retard ? Est-ce que mon agenda médical, personnel et professionnel ne va pas être entièrement « ubérisé », c'est-à-dire piloté par une application pratique et un système de recommandations auquel je pourrais difficilement me soustraire ? « Comment cela, vous ne voulez pas prendre votre petite pilule, ce matin ? Dans deux heures, votre assureur, renseigné en temps réel, va résilier votre contrat de protection. C'est dans

1. « *I am in the camp that is concerned about super intelligence.* » Reddit, session « Ask Me Anything ».

le contrat. » « Vous préférez marcher ou pédaler jusqu'à votre rendez-vous ? À vos risques et périls. J'informe votre rendez-vous que vous serez vraisemblablement en retard. »

À l'été 2014, les données personnelles de 76 millions de clients américains du groupe bancaire JPMorgan Chase furent dérobées par un hacker – russe, chinois, peu importe : ce dernier a aujourd'hui, malgré les dénégations officielles, un accès potentiel à des patrimoines financiers se chiffrant en milliers de milliards de dollars. De quoi créer un joyeux désordre sur les marchés.

Depuis, on ne compte plus les vols et détournements de données personnelles permettant l'accès à des choses aussi essentielles que votre identité, votre vie privée, votre santé ou votre compte en banque. Mais un groupe a battu le record de JPMorgan Chase en termes de nombre de clients exposés : en février 2015, les données personnelles (numéros de sécurité sociale, téléphones, adresses, données de l'employeur) de 80 millions de clients de la compagnie d'assurances Anthem, la deuxième plus importante aux États-Unis, ont été volées. Un peu plus tôt, ce sont les 56 millions de clients de Home Depot et les 40 millions de clients de Target, le distributeur américain, qui se sont eux aussi fait subtiliser leurs données.

Si les clients de ces très grandes entreprises, équipées, paranoïaques et efficaces sur les questions de sécurité, peuvent se faire si facilement dévaliser, qui peut se dire à l'abri ? Qui peut espérer garder la propriété et la maîtrise de ses données, dans une telle jungle ?

Certainement pas les investisseurs sur les marchés financiers mondiaux, c'est-à-dire les épargnants du monde entier, qui savent, depuis le « *flash crash* » du 6 mai 2010 à New York, qu'une personne isolée peut, depuis le sous-sol de sa maison de banlieue à Londres, faire disparaître près de 1 000 milliards de dollars de valeur boursière en vingt minutes, à l'aide d'un simple ordinateur et d'un logiciel. Telle est l'histoire du trader Navinder Singh Sarao, qui n'a pu être identifié comme l'auteur de ce cyber-braquage que cinq ans après les faits, en avril 2015. Il agissait seul, dans le but de faire de l'argent (moins d'un million de dollars, en l'occurrence). Combien de milliers de milliards de dollars pourraient disparaître, avec une équipe de terroristes bien organisés, visant non pas un « *quick profit* », mais un objectif stratégique de guerre, d'effondrement d'une place financière ?

Début avril 2015, notamment à la suite de l'attaque de la Corée du Nord contre Sony Pictures – pillage des données et démantèlement du réseau informatique de l'une des entreprises les plus sophistiquées au monde –, Barack Obama désignait ces attaques cyber-terroristes comme une « urgence nationale », et annonçait un nouvel arsenal de sanctions contre les personnes et organisations qui se prêteraient à ces actes terroristes.

En mai 2015, après ces alertes répétées, révélatrices de la très grande vulnérabilité du système financier mondial, le secrétaire d'État américain au Trésor, Jack Lew, faisait des risques cyber la menace numéro un pour la stabilité du système financier américain, donc mondial[1].

*

Vous me trouvez bien pessimiste, ou négatif, en exposant toutes ces menaces ? C'est sans doute parce que je n'ai pas encore installé mon application pour suivre et traiter mes humeurs sur mon smartphone : MyMoodTracker, Live Happy, MindShift et autres Headspace devraient faire l'affaire[2]. Je mets d'ailleurs beaucoup d'espoir dans le Happiness Apps Challenge[3].

Philip, qui lève des fonds dans la Silicon Valley, à New York, Londres et Paris, moque

1. Source rapport annuel 2015 du Financial Stability Oversight Council. Venait immédiatement ensuite la prise de risque croissante dans un environnement à taux d'intérêt bas (« *increased risk-taking in a low-yield environment* »).

2. De nombreuses sélections sont disponibles en ligne, dont « The Best Bipolar Disorder iphone and Android Apps of the Year » ! (www.healthline.com).

3. L'énoncé de ce concours est explicite : « *Shape the future of humanity by creating apps to increase happiness, productivity and well-being.* » (www.happinessapps.com.)

mon scepticisme. Surfant sur la vague stimulante de ces innovations technologiques, qui créent de nombreuses entreprises et nouveaux services, il s'enthousiasme pour les nouvelles applications dans le monde du travail. Notamment cette toute dernière start-up française « qui va remplacer le métier des chargés d'études marketing, chefs de publicité, spécialistes de communication digitale. C'est génial, non ? »

Mais oui, c'est génial. Si le succès est au rendez-vous, la dizaine de personnes composant cette start-up va faire fortune à la vitesse de l'économie du XXIe siècle, c'est-à-dire en quelques mois. Et les banquiers et conseils qui les accompagnent, aussi.

Mais pour ceux dont le métier va être remplacé, pas un mot. Pour ceux qui n'auront pas eu l'agilité, la présence d'esprit ou la chance d'anticiper ou d'accompagner ce mouvement de grand remplacement de l'humain par la machine, pas une pensée. Or ce mouvement de grand remplacement n'épargne désormais aucune profession ou industrie, les plus simples comme les plus sophistiquées.

Au Consumer Electronics Show de Las Vegas en janvier 2015, Mercedes a présenté, en avance sur ses concurrents, un prototype de voiture de luxe sans chauffeur. Le reste de l'industrie suivra : voitures, camions, autocars, seront, dans un futur proche, pilotés par des algorithmes. Leurs conducteurs professionnels auront plus de temps libre. Forcé.

« Édouard, tu nous fatigues avec ton pessimisme. C'est formidable, les nouvelles technologies. Elles vont créer un nombre d'emplois nouveaux dont tu n'as pas idée. Il faut simplement être patient, faire confiance à l'avenir. Relis Schumpeter. Les innovations de rupture ont toujours créé plus d'opportunités que de risques dans les économies ouvertes et dynamiques. »

Voilà, en synthèse, la réaction dominante de ceux de mes interlocuteurs dans ma sphère professionnelle qui sont en prise directe avec la révolution digitale. Qu'ils soient entrepreneurs, banquiers ou chercheurs, l'enthousiasme est au rendez-vous. La plupart sont beaucoup plus optimistes que moi sur les bienfaits qu'apportent aujourd'hui les nouvelles technologies et la financiarisation de nos économies. « Il existera un jour une technique pour dépolluer les mers et les rivières », m'affirme l'un. « Donner un smartphone à ceux qui vivent avec moins de 2 dollars par jour, c'est leur donner le moyen de devenir d'un coup acteurs de l'économie mondiale », s'enthousiasme l'autre. Tous de souligner les progrès exceptionnels que les nouvelles technologies ont permis de faire pour la santé dans le monde.

Ainsi de Léo Apotheker, vice-président du conseil d'administration de Schneider Electric et ancien P-DG des leaders technologiques mondiaux

SAP et Hewlett-Packard : « L'intelligence artificielle est une évolution, voire une chance pour l'humanité. Ce sont des systèmes de Big Data et d'intelligence artificielle qui sont capables de détecter des mutations génétiques. Ce sont des robots intelligents qui peuvent soigner des personnes âgées dont la société "humaine" ne veut plus s'occuper.

« Le monde digital, connecté et intelligent aura un impact majeur sur notre façon de vivre, sur l'emploi et sur notre environnement. Prenons l'exemple de la voiture du futur, sans chauffeur et électrique. Il y aura certainement une perte d'emplois directs pour les conducteurs. Mais, dans le même temps, il y aura beaucoup moins d'accidents et donc de morts et blessés. Et infiniment moins d'émissions de dioxyde de carbone car les systèmes automobiles intelligents – comme d'ailleurs beaucoup d'activités dans l'économie digitale – se fonderont sur des principes d'économie du partage et d'optimisation.

« Moins d'accidents. Moins de pollution. Des primes d'assurances moins élevées. Moins de dépenses pour les systèmes de santé. Moins de consommation de matières premières. La capacité de faire autre chose dans la voiture que de conduire. Ces progrès sont-ils si néfastes que cela ? »

La révolution numérique est effectivement une formidable aubaine pour l'humanité. À l'instar des précédentes révolutions industrielles (l'imprimerie, l'électricité, le chemin de fer) qui accompagnèrent voire précédèrent des formes de renaissance en Occident, elle est susceptible de nous faire faire des bonds prodigieux, en termes de connaissance, d'efficacité, de prospérité. Internet donne accès à de nouveaux mondes ; le traitement des données en masse permet des avancées prodigieuses dans la médecine, dans la gestion de nos espaces de vie (les villes « intelligentes » vont être moins polluées, plus sûres et plus agréables à vivre à l'avenir). Internet, avec le déploiement de formations scolaires et universitaires en ligne à l'accès gratuit, permet d'élever le niveau de connaissances de tous (l'intelligence collective) et de chacun, et d'« affranchir » des populations entières.

Et si nous voyons aujourd'hui d'abord les emplois rapidement et abondamment détruits par le progrès technologique, c'est parce que les futurs emplois que ce progrès générera ne sont pas encore identifiables. « Mais, c'est sûr, ils viendront : il suffit d'être patient, confiant – et bien préparé, bien "éduqué" pour sortir gagnant de la révolution en cours », me confiait ce dirigeant de groupe industriel, pour qui la clé réside dans l'éducation et l'apprentissage de ce nouveau monde.

Mais – et c'est là où le bât blesse – cette éducation est-elle financièrement accessible au plus grand nombre ? Aux États-Unis, le montant des emprunts souscrits par les étudiants dépasse chaque année ses plus hauts historiques, atteignant des niveaux tels qu'il inquiète désormais la Réserve fédérale, qui y voit un risque pour le système financier. Fin 2014, 40 millions d'étudiants américains portaient ensemble une dette de 1 200 milliards de dollars, quasi le double de celle d'avant la crise de 2008.

La révolution numérique est aussi celle de la fausse gratuité : les progrès (médicaux, notamment) semblent, .techniquement, disponibles pour tous. À condition de pouvoir se les payer.

Une autre statistique vient pondérer l'enthousiasme sur la révolution numérique : la Silicon Valley a ainsi créé 58 000 emplois en 2014, ce qui est formidable. En revanche, pour la seule économie française, le cabinet de conseil Roland Berger estime que 3 millions d'emplois pourraient être détruits par la numérisation d'ici dix ans. 300 000 destructions par an. C'est moins formidable[1].

Ne sommes-nous pas en face, certes d'une vraie révolution technologique apportant des progrès exceptionnels, mais qui va creuser davantage le

1. « Les classes moyennes face à la transformation digitale », http://www.rolandberger.fr.

fossé entre ceux qui sont du bon côté du manche et dans la bonne géographie, et les autres ?

Pour travailler avec eux, je vois à quel point cette nouvelle économie est stimulante et efficace pour ceux qui ont les ressources financières, les codes, l'énergie, et aussi le bon âge pour « surfer » sur cette vague. Le travail en lui-même est beaucoup plus amusant et stimulant dans une structure de start-up et dans les espaces de « *coworking* » qui deviennent la norme du XXIe siècle plutôt que dans les structures en silo, bureaucratiques et fossilisées du siècle précédent. La mutation des formes de travail s'accélère : les auto-entrepreneurs, qui sont déjà 4,5 millions en Grande-Bretagne, constitueront probablement la majorité des travailleurs dans quelques décennies, devant les salariés.

Mais pour ceux qui seraient rétifs ou craintifs face à ce bouleversement heureux annoncé, attention. Malheur aux faibles, à ceux qui doutent. Et à ceux qui n'ont pas les ressources financières nécessaires. Malheur à ceux qui n'ont ni la puissance ni la vitesse suffisantes pour sauter dans le train en marche. S'ils se laissent engloutir, tant pis pour eux.

C'est là que se situe mon désaccord fondamental. Indépassable.

« Qui veut mettre des limites au système capitaliste ? Les communistes et les losers »

Ce désaccord s'est retrouvé tout entier dans un échange lors d'un déjeuner avec le dirigeant d'une des plus grandes entreprises mondiales – seulement un dixième de la capitalisation boursière d'Apple à l'époque, mais tout de même 50 milliards de dollars, ce qui, à l'image de mon interlocuteur, n'est pas médiocre.

Dirigeant authentiquement chrétien, figure de l'élite économique mondiale, son parcours et son discours en imposent. Nous nous rencontrons à ma demande, pour tenter d'élucider ce qui est pour moi un mystère, ou une contradiction majeure : comment peut-on être chrétien et avoir une foi aussi absolue dans le marché, en particulier les marchés financiers, au point de refuser toute forme de régulation, de limites à leur dynamique ? Peut-on accepter le « renard libre dans le poulailler libre », si l'on est chrétien ?

La réponse est sans ambiguïté :

« Regardez les choses comme elles sont : qui, dans le monde, prône la régulation des marchés, aujourd'hui ? Qui veut mettre des limites au système capitaliste ? Je ne vois que deux catégories : d'abord, les communistes, qui veulent imposer leur propre dictature sur celle du marché, c'est-à-dire le lieu où se rencontrent librement l'offre et la demande. Cette dictature-là est-elle si enviable que cela ? »

Évidemment, non. Et d'ailleurs, nous nous retrouvons dans la même méfiance vis-à-vis des idéaux dévoyés du socialisme, qui commence pétri des meilleures intentions du monde, et finit dans les goulags de l'URSS, les prisons de Cuba ou de la Corée du Nord. Comme entrepreneur, je suis mal à l'aise avec l'idéal socialiste, en particulier la prétention d'une minorité « éclairée » qui voudrait imposer au peuple ce qui est bon pour lui. Comment peut-on encore se revendiquer du socialisme, quarante ans après la parution de *L'Archipel du Goulag*, de Soljenitsyne ? Les faits économiques, au début du XXIe siècle, parlent d'ailleurs d'eux-mêmes : les pays ayant le plus adopté le socialisme dans leurs structures économiques sont aujourd'hui les grands perdants du jeu mondial. De façon paroxystique, on peut citer le Venezuela de M. Chávez, l'Argentine de Mme Kirchner, la Corée du Nord de Kim Jong-un.

« L'autre catégorie de personnes qui veulent mettre des limites au marché, ce sont, pardonnez-moi l'expression, les losers. Ceux qui connaissent les règles du jeu, et essaient de s'y soustraire, ou de les changer, parce qu'ils en sont les perdants. Est-ce moralement acceptable de confier l'architecture et l'arbitrage de notre système économique aux losers ? »

Touché. En effet, ceux qui prônent des limites aux actions du marché en sont très souvent les « mauvais perdants », ou tout au moins ceux qui ne peuvent en bénéficier pleinement. Sont-ils les mieux placés pour améliorer les règles du jeu ?

Je concède à mon interlocuteur ces deux terrains-là. Il profite de la brèche pour s'enfoncer plus avant : « C'est d'ailleurs très chrétien de laisser le marché à son libre cours. Après tout, il s'agit de la rencontre de volontés libres et éclairées. Le marché prône la liberté individuelle, la liberté de conscience, tout comme le fait le christianisme. L'individualisme est foncièrement chrétien. » Et de me citer la bible un peu datée des conservateurs anglo-saxons, *Atlas Shrugged* (*La Grève*, en français, roman paru en 1957) d'Ayn Rand, philosophe russe émigrée aux États-Unis, anticléricale, célibataire endurcie, sans enfants, dont les livres font la double apologie d'un athéisme radical et d'un égoïsme érigé en vertu cardinale. Coqueluche de Ronald Reagan, d'Alan Greenspan et des penseurs libertariens américains, Ayn Rand tente de donner un fondement moral positif à l'accumulation égoïste de richesses, au « *greed* », à l'avidité ; le diable se retrouvant dans les constructions collectives, les idéaux d'intérêt général : les États ; les organisations et associations.

Et là je ne suis plus d'accord. Le message chrétien est aux antipodes de cette philosophie nietzschéenne où chaque personne devrait exalter son « moi » sans limites ; aller, comme un alcoolique, au bout de sa capacité et de sa volonté de puissance, et tant pis pour ceux qui ne peuvent pas suivre. Tant pis pour les médiocres, les faibles, ceux qui ont justement besoin d'être épaulés, voire pris en charge par la société dans son ensemble.

Dans le monde d'Ayn Rand, il ne fait pas bon être un « loser », ou même simplement un médiocre. Être un handicapé de naissance, ou un blessé de la vie. Être un peu trop vieux, un peu trop lent, un peu trop fatigué. Un peu trop pessimiste. Douter de soi, et de demain, dans un monde économique où l'avenir appartient à ceux qui ne doutent de rien, surtout pas d'eux-mêmes.

Quelle est cette nouvelle barbarie, sinon le message exactement inverse de ce que les Évangiles demandent aux chrétiens d'accomplir dans leur vie ?

Je ne suis ni un socialiste ni, autant que je sache, un « loser ». Je connais bien le monde des dominants. Je les conseille. Je connais leur puissance ; leur capacité à faire triompher leur volonté, à transformer une idée en réalité ; leur aptitude à imposer leurs lois et leurs décisions.

Et pourtant, j'appartiens définitivement au camp de ceux qui veulent mettre des limites et des bornes au jeu du marché. Imposer des règles. Je suis dans le camp de la « troisième voie » : ceux qui voient les bienfaits indiscutables de l'économie de marché, mais qui n'en ignorent pas les excès ni les impasses, qui ont produit la crise de 1929 – et celle qui vient.

La troisième voie : la loi du plus fragile

C'est parce que je m'identifie à une troisième catégorie de personnes, oubliée de mon interlocuteur : ceux qui refusent que la loi de nos économies et sociétés se résume à la loi de la jungle. La loi du plus fort. Celle du « renard libre dans le poulailler libre ». Cette loi qui triomphe à nouveau aujourd'hui, à peine sept ans après la crise de 2008.

Au cœur du message évangélique, il y a ce devoir simple : être au plus près des plus pauvres. Protéger les plus faibles et les plus fragiles. L'option préférentielle pour les losers. Les ratés. Les faibles, de constitution physique ou de caractère. Ceux qui trébuchent et ont du mal à se relever. Ou ne se relèvent jamais indemnes d'un accident de la vie, d'un drame familial, d'un déboire amoureux. D'une différence génétique. Ou de la culpabilité de leurs fautes, ce que nous appelons le péché.

J'ai cette chance-là de connaître intimement la fragilité des êtres. Elle existe en abondance autour de moi, et dans ma famille ; elle est en moi. Je la revendique, cette différence. Et d'ailleurs, qui oserait se proclamer invulnérable ? Sans faille, sans peur et sans reproche ? Qui serait dépourvu de cette fragilité-là, lorsque l'on regarde d'un peu près les statistiques mondiales de consommation de psychotropes, d'alcool, de drogues ? Ou le phénomène, lui aussi mondial, de précarité au travail et de « burn-out »[1] ? Les sorties de route, personnelles, familiales et professionnelles. Tous les dérivatifs qui permettent d'échapper à la dureté de la vie humaine. Nous qui sommes faits d'argile alors qu'on nous demande d'être plus forts que les machines. Qui aurait cette prétention, à part une autre machine ?

Chacun de nous, en tant qu'être humain, est fragile et vulnérable. La compétition que nous allons devoir livrer face aux algorithmes et aux machines intelligentes va le révéler crûment. Tout comme la très grande crise financière que nous allons bientôt subir, et qui va – c'est la bonne nouvelle – nous obliger à changer de modèle économique et social. Cette fois-ci, contrairement à 2008, l'ampleur et la vitesse de propagation de la crise nous dépasseront, car nous sommes aujourd'hui à court de munitions : sauf à faire perdre aux monnaies mondiales, flottantes, leur signification, on ne peut pas

1. Voir notamment les travaux de l'Organisation internationale du travail, *Mental health in the workplace : introduction : executive summaries*, Genève, ILO publications, 2000. Et plus récemment l'étude *World Employement and Social Outlook*, Genève, ILO publications, 2015, selon laquelle 80 % des travailleurs dans le monde ont un emploi précaire (pas de contrat de travail permanent).

aller plus loin que des taux d'intérêt négatifs et des milliers de milliards de dollars de création monétaire par les banques centrales (*quantitative easing*).

*

Nous nous retrouvons à court de munitions, sans filet, mais avec la possibilité d'une troisième voie, fondamentalement humaine et humaniste, plus efficace et plus durable que le capitalisme débridé que nous connaissons aujourd'hui ; ou que le socialisme des siècles précédents.

Cette troisième voie s'appuie sur un principe absolu, qui n'est pas réservé aux seuls chrétiens : la dignité de la personne humaine. Son caractère inaliénable et sacré. Ce je-ne-sais-quoi de Vladimir Jankélévitch qui nous distinguera toujours des animaux et des machines – quoi qu'en pensent les mauvais prophètes de la Silicon Valley. Cette petite lumière vacillante qui existe en chacun de nous, qui s'appelle l'âme. La conscience. La conscience aiguë de notre fragilité, celle de l'argile. Cette conscience qui nous fera toujours triompher des machines et des *Übermenschen*, ces surhommes qui croient un peu trop vite dominer le monde du XXIe.

C'est le paradoxe de ce siècle, et la condition de survie de notre espèce : nous allons puiser notre supériorité sur la machine, survivre à toutes les crises, non pas parce que nous serons devenus des êtres humains « augmentés ». Nous allons dominer les algorithmes, dompter l'argent, non pas par un surcroît d'intelligence artificielle ou d'argent. Mais par notre excès d'humanité. Avec toutes nos imperfections, nos failles et nos impasses. Notre intuition et notre conscience d'êtres trébuchants, imparfaits. Mais libres.

Nous sommes libres de refuser d'être des hommes augmentés capables de vivre cinq cents ans – l'objectif explicite de la société Calico, faisant partie du Google X Lab, est bien de « tuer la mort ». Libres de rejeter cette promesse que la nouvelle économie commence à nous faire, qui est de pouvoir tout dominer avec la technique et l'argent. Dominer les autres. Dominer jusqu'à nos sentiments, nos humeurs, nos inclinaisons.

Au fond, quitte à choisir, je préfère le camp des losers à celui des humains trafiqués et surperformants. Le camp de ceux qui vont perdre les premières batailles dans un monde en voie de déshumanisation rapide. Le camp de ceux qui disent non, et qui finiront par gagner la guerre contre ces broyeuses. Ils ont ce petit caillou dans la chaussure qui les empêche d'avancer trop vite vers le mal, et qui s'appelle *scrupulum.* C'est ce petit caillou qui fera dérailler la machine trop parfaite de l'*Über*-économie.

Ce camp, je le connais bien : c'est le mien. Celui des chrétiens du Sermon sur la montagne, à qui l'on promet ces Béatitudes :

Voyant les foules, il gravit la montagne, et quand il fut assis, ses disciples s'approchèrent de lui.

Et prenant la parole, il les enseignait en disant :

Heureux les pauvres en esprit, car le Royaume des Cieux est à eux.

Heureux les affligés, car ils seront consolés.

Heureux les doux, car ils posséderont la terre.

Heureux les affamés et assoiffés de la justice, car ils seront rassasiés.

Heureux les miséricordieux, car ils obtiendront miséricorde.

Heureux les cœurs purs, car ils verront Dieu.

Heureux les artisans de paix, car ils seront appelés fils de Dieu.

Heureux les persécutés pour la justice, car le Royaume des Cieux est à eux[1].

---

1. Évangile selon saint Matthieu, 5,1-10.

II

Comment survivre à l'économie du XXIe siècle ?

Proposer au conseil pontifical pour la Culture[1] une réflexion sur l'économie mondiale et ses conséquences sur la culture et nos sociétés n'est pas une mince affaire.

LE CREDO DE L'ANCIENNE ÉCONOMIE ? « IL N'EST DE RICHESSES QUE D'HOMMES »

Lorsque j'étais étudiant au début des années 1990, l'économie était une science humaine. Après

1. Ce texte reprend une note rédigée à l'intention du conseil pontifical pour la Culture au Vatican, à l'automne 2014. Titre original : « Comment l'espèce humaine survivra à la nouvelle économie du XXIe siècle – Plaidoyer pour une initiative du pape François à New York en septembre 2015 ». Référence *Culture e Fede* 22-2014-3.

vingt années passées dans ce secteur déterminant de la culture contemporaine, comme entrepreneur, financier et observateur, je ne suis plus tout à fait certain que l'économie soit encore une science. Et je suis de plus en plus convaincu qu'elle se déshumanise.

Mes maîtres m'avaient alors appris quelques vérités que je tenais pour d'immuables évidences. Leur credo était fondé sur le triptyque suivant :

– « *Il n'est de richesses que d'hommes* » (Jean Bodin) : là où sont les hommes, là est la croissance, l'espoir, le dynamisme, la créativité humaine. « Regardez la démographie d'un pays, et vous verrez sa richesse future. » L'économie était bien une science humaine.

– « *Le temps ne respecte pas ce qui se fait sans lui* » (Paul Morand) : éloge de la durée, de l'investissement sur le court terme et le long terme. En économie, pas de précipitation : le temps joue pour vous. Le temps est l'ami de l'argent : les taux d'intérêt en témoignent.

– *L'argent est si rare, et si précieux, qu'il coûte cher. Il ne peut donc être confié qu'à des personnes expérimentées et prudentes : les banquiers.* Ceux qui sont capables d'identifier et de comprendre les risques. La finance, « au service de l'économie », est une affaire sérieuse à ne pas mettre entre les mains de n'importe qui.

Or, en vingt petites années, passées à travailler dans le monde de l'entreprise et de la finance, j'ai vu chaque pan de ce triptyque s'effondrer sous mes yeux, au fur et à mesure que s'installait la « nouvelle économie ». Celle dans laquelle le monde entier baigne aujourd'hui.

Le sujet ici n'est pas de rouvrir le débat usé de l'ancienne économie – celle des siècles passés – sur les bienfaits et les excès du capitalisme. Avec le commerce mondial, qui a brassé et rapproché les peuples, aidant à la circulation libre des marchandises, des idées et des hommes, le capitalisme, malgré des crises spectaculaires, a significativement augmenté l'espérance et la qualité de vie des hommes et des femmes, ainsi que les idéaux de liberté et de démocratie qui sont les miens. Alors que son alternative, le socialisme, aussi pavé soit-il de bonnes intentions, a plongé des peuples entiers, certains pour plusieurs générations, dans la nuit totalitaire ; la barbarie des goulags et des camps de concentration ; le viol permanent des consciences et la torture des corps.

La problématique du temps présent est la suivante : les 7,2 milliards d'êtres humains qui habitent cette petite planète sont-ils encore capables de s'adapter à la nouvelle économie ? Une économie qui n'obéit pas à des règles, mais à des pulsions, interactions et phénomènes faisant voler en éclats toutes nos représentations passées, et semble vouloir sortir les êtres humains de son équation.

Le triptyque de la nouvelle économie : mondialisation – numérisation – financiarisation

La nouvelle économie, celle de 2014, est, pour reprendre une terminologie à la mode, une économie classique, mais « augmentée » de la combinaison de trois phénomènes se nourrissant entre eux : la mondialisation, la numérisation et la financiarisation des activités économiques humaines.

La mondialisation

La mondialisation est un phénomène ancien, et même multiséculaire. Il s'est brutalement accéléré depuis 1989, avec la chute du mur de Berlin, l'effondrement du communisme, la conversion de la plupart des pays du monde aux principes de l'économie de marché. Et le déploiement d'outils, normes et techniques facilitant la mondialisation du commerce et des activités de production (accords de libre-échange ; conteneurs ; logiciels de gestion permettant la standardisation des activités économiques et la mise en place d'un langage de travail commun ; entreprises de plus en plus mondialisées). Évoquons-le succinctement à l'aide d'un langage particulier : celui des chiffres.

À l'actif du bilan de la mondialisation :

– Plus d'un milliard d'emplois ont été créés depuis 1980[1].

– Depuis 1990, près d'un milliard de personnes sont sorties de l'extrême pauvreté[2], tandis que la production mondiale de richesses quadruplait[3].

– Depuis l'an 2000, la richesse mondiale des ménages a plus que doublé[4].

Au passif du bilan de la mondialisation :

– Nous pillons tellement vite les ressources limitées de la planète que, d'ici 2025, le WWF estime que 5,5 milliards de personnes vivront dans des zones de « stress hydrique », où l'eau viendra à manquer[5].

---

1. Hors emplois agricoles. Voir Helen Hu, « When giants slow down », *The Economist*, 27 juin 2013.

2. Internationalement définie par le fait de vivre avec moins d'1,25 dollar par jour (« Towards the end of poverty », *The Economist*, 1er juin 2013).

3. Banque mondiale.

4. Crédit Suisse, *Global Wealth Databook 2014*, octobre 2014.

5. Felicity Barringer, « The Human as Bigfoot », *The New York Times*, 13 octobre 2010.

– 2,8 milliards de personnes vivent avec moins de 2 dollars par jour ; 925 millions ne mangent pas à leur faim[1].

– Le 1 % le plus riche de l'humanité possède près de la moitié des richesses mondiales[2]. Malgré une croissance qui devrait profiter à tous, ces inégalités continuent de se creuser, et, avec elles, le sentiment d'injustice : 7 personnes sur 10 vivent dans un pays où l'inégalité économique a augmenté au cours des trente dernières années[3].

En somme, depuis 1989 : plus de richesses, plus de travail dans le monde. Mais des inégalités croissantes entre les pays et les individus, d'autant moins acceptées que le jeu semble se refermer au profit de quelques-uns. Et une planète aux ressources limitées, pillée aux quatre coins du globe.

La numérisation

Dans *La Souveraineté numérique*[4], Pierre Bellanger, entrepreneur français du numérique, résume ainsi l'enjeu : « L'Internet ne vient pas s'ajouter au monde que nous connaissons. Il le remplace.

---

1. United Nations, *Resources for Speakers on Global Issues.*
2. Crédit Suisse, *Global Wealth Databook 2014*, *op. cit.*
3. Aux États-Unis, le 1 % le plus riche a capté 95 % de la croissance depuis 2009. Cité dans « En finir avec les inégalités extrêmes », https://www.oxfam.org, janvier 2014.
4. Paris, Stock, 2013.

L'Internet siphonne nos emplois, nos données, nos vies privées, notre propriété intellectuelle, notre prospérité [...] et notre liberté. » Les faits et les chiffres, jusqu'ici, lui donnent raison.

Une étude du Boston Consulting Group estime que, d'ici à 2020, les données personnelles des 500 millions d'Européens, actuellement pillées par les plateformes numériques venues d'ailleurs, représenteront une valeur de 1 000 milliards d'euros[1]. La captation de cette valeur dans le monde entier est un enjeu majeur pour ces plateformes. De plus en plus intrusives, elles surveillent, avec notre accord, nos moindres faits et gestes, mouvements, habitudes de consommation, en vue de les anticiper, les répliquer et les vendre ; aujourd'hui à des marques commerciales, demain à des États soucieux de garder le contrôle sur leurs populations.

Ces plateformes de pillage de nos données et vies personnelles deviennent, avec notre consentement et la complicité passive des entreprises traditionnelles, des empires dotés de ressources bien supérieures à celles de nombreux États du monde.

En effet, que pèsent les États français, italien, argentin, britannique, criblés de dettes et de déficits, devant supporter des populations toujours plus vieillissantes, face à Google, Alibaba, Apple,

1. James Fontanella-Khan, « Personal data value could reach €1tn », *Financial Times*, 7 novembre 2012.

Facebook et Amazon ? Ces cinq entreprises ont une valeur combinée d'environ 1 600 milliards de dollars, une trésorerie de plusieurs centaines de milliards de dollars et des investissements en Recherche-Développement (notamment en robotique, génome humain, nanotechnologies) qui leur permettent d'accroître leur avance sur des États bien balourds. Des États qui, pour subvenir aux besoins de leurs populations, ont encore la prétention de taxer les entreprises. Ce qu'ils n'arrivent même plus à faire avec les géants du numérique, si agiles et si mondialisés. Et qui contribuent, chacun à leur façon, à une évasion fiscale mondiale représentant entre 5 500 et 26 000 milliards de dollars[1].

Qui pourra, demain, financer et lever le plus facilement une armée ? Les États souverains, ou Google, qui vient de mettre la main sur plusieurs firmes de robotique militaire (dont Boston Dynamics), lui permettant de fabriquer dans un futur proche des bataillons de robots militaires ? Des robots qui vous connaissent bien et sauront vous reconnaître, grâce à vos recherches sur Internet, vos services activés de géolocalisation, votre réseau de contacts et d'amis (réseaux sociaux, Gmail).

La nouvelle économie, bien sûr, a d'autres facettes plus positives. Elle crée de nouveaux services,

1. Selon, respectivement, le FMI et le Tax Justice Network.

souvent gratuits ; augmente notre efficacité dans de nombreux domaines ; et génère des emplois intéressants, apportant services et qualité de vie à la population. Qui pourrait aujourd'hui vivre ou travailler « comme avant », c'est-à-dire sans e-mails, sans téléphone portable, ou en allant chercher une information dans une encyclopédie de papier plutôt que sur Internet ?

Mais cette nouvelle économie crée-t-elle des emplois en nombre, et pour tous ? Les deux premiers employeurs privés au monde, McDonald's et Walmart, le géant de la distribution américaine, emploient ensemble 4 millions de personnes. Leur valeur boursière combinée est de 325 milliards de dollars. Soit, en moyenne, une « valeur » générée par employé de 81 250 dollars.

C'est bien peu, face aux stars de la nouvelle économie : Alibaba, Facebook et Google emploient à peine 80 000 personnes, mais valent ensemble près de 800 milliards de dollars : 10 millions de dollars de « valeur » par employé. D'est en ouest, du nord au sud, un salarié de la nouvelle économie vaudrait donc cent fois plus qu'un salarié de l'économie classique… à moins que la nouvelle économie ait cent fois moins besoin de « capital humain » que l'économie classique.

L'étude « The Future of Employment » de Michael Osborne et Carl Benedikt Frey, chercheurs à Oxford[1], est sans équivoque sur le sujet : la numérisation des activités humaines est telle que 47 % des emplois actuellement référencés aux États-Unis sont amenés à disparaître[2]. Ce mouvement de remplacement de l'homme par la machine a commencé : les caisses électroniques chassent les caissiers humains dans les supermarchés ; les robots industriels se substituent aux humains dans leurs tâches de production ; en 2012, Foxconn, sous-traitant chinois d'Apple et Nokia, a annoncé qu'il achetait un million de robots pour remplacer ses ouvriers.

Quel ouvrier sera plus rentable et productif qu'un robot industriel qui ne dort jamais, ne rechigne pas à la tâche, n'a pas de problèmes personnels qui le déconcentrent ? Quel chauffeur sera plus vigilant qu'un algorithme ? Et demain, quel programmeur sera plus efficace, et plus créatif, qu'une machine à programmer dotée d'une « super-intelligence » artificielle[3] ?

Les humains peuvent-ils suivre le mouvement ? Déjà, ceux qui ne sont pas « *digital natives* » – ceux qui n'ont pas grandi avec des outils numériques – se

---

1. http://www.oxfordmartin.ox.ac.uk/downloads/academic/The_Future_of_Employment.pdf.

2. En Europe, une estimation de l'institut Bruegel porte ce taux à plus de 54 %.

3. Une idée que souligne James Barratt dans *Our Final Invention : Artificial Intelligence and the End of the Human Era*, New York, St. Martin's Griffin, 2015.

savent dépassés par le flux. Certes, l'être humain s'adapte à tout – il s'est d'ailleurs adapté avec succès aux ruptures technologiques passées (imprimerie, électricité, pétrole, chemin de fer). À condition de lui en laisser le temps. Or de quel temps disposent les êtres humains face à des algorithmes dictant les décisions d'investissement et de consommation qu'ils ne seront bientôt plus capables de prendre seuls, dans la lenteur, et avec le temps de la réflexion ?

Avec la nouvelle économie se profile, non pas une autre étape du progrès technologique au service de l'humanité – ce qui serait bienvenu –, mais bien le Grand Remplacement de l'humain par la machine. Or cette révolution économique s'inscrit dans un véritable projet scientifique, politique et philosophique : le transhumanisme, dont l'ambition est de fusionner l'homme avec la machine, pour augmenter ses compétences et, ultimement, le rendre immortel. Tel est le projet fou, mais désormais réalisable, de l'entreprise Google, dont l'ingénieur en chef n'est autre que Ray Kurzweil, apôtre du transhumanisme et auteur de livres à succès annonçant clairement son projet et son ambition (*The Singularity is Near : When Humans Transcend Biology*, *How to Create a Mind*). Car le transhumanisme n'est pas un projet caché pouvant alimenter une théorie du complot, il s'exprime librement, se donne à voir, dans les livres de M. Kurzweil comme dans les produits, innovations et acquisitions de Google. L'objectif n'est plus étroitement commercial ou financier depuis longtemps, il est politique, voire religieux, dans le sens où il ambitionne de transformer notre façon de vivre. Et nos valeurs. Le transhumanisme fait l'apologie d'un corps et d'un cerveau humains « augmentés », enrichis d'innovations technologiques, au point de devenir immortels. Rien ne saurait résister au déploiement des technologies autour de nous, et à l'intérieur même de notre corps. Et tant pis si les frontières de l'éthique et de l'humain volent en éclats au passage.

Peu de pays se sont jusque-là opposés explicitement à ce déploiement – notamment la Chine, où le Beijing Genomics Institute travaille sur le séquençage de l'ADN de 2 200 surdoués, pour pouvoir plus tard injecter le « bon » ADN à une population devant tenir son rang dans la compétition mondiale. Deux pays européens, la France et l'Allemagne, affirment une certaine résistance – mais pour combien de temps ? En Allemagne, gouvernement et *think tanks* sont en pointe sur les affaires de protection de la vie privée sur Internet. Et la lettre ouverte, courageuse et lucide, du P-DG d'Axel Springer, Mathias Döpfner (« Why we fear Google[1] »), a entraîné une attaque en règle de

1. http://www.faz.net/aktuell/feuilleton/debatten/mathias-doepfner-s-open-letter-to-eric-schmidt-12900860.html.

Google contre le modèle économique de ce groupe. En France, quelques voix d'entrepreneurs du numérique[1] alertent les consciences et les autorités politiques, notamment européennes, sur la dangerosité de ces outils de domination. C'est le cas de Laurent Alexandre, médecin et fondateur de Doctissimo, dont l'analyse, à la fois inquiète et admirative, du projet transhumaniste de Google fera date[2] : de la multiplication des acquisitions de robots militaires par Google, au dépôt du brevet 8 543 339 B2[3], permettant le tri sélectif des « meilleurs » embryons humains par Google, c'est toute une vision de l'homme et de la société humaine – qu'il convient d'« améliorer » et d'encadrer par la technologie – qui est démasquée.

Des voix se lèvent, particulièrement dans les pays européens, tels l'Espagne, l'Italie, la Pologne, où la démocratie a pu chanceler au XXe siècle, et où l'on se méfie des visions totalitaires et de leurs corollaires : l'eugénisme, la manipulation des esprits et des corps, et le rejet des faibles ; ceux que l'on a pu appeler dans le passé les *Untermenschen* – les sous-hommes. Dans un monde transhumaniste, les êtres humains normaux ne seront-ils pas tous des *Untermenschen* ?

Et où se situera demain la frontière entre un homme robotisé et un robot humanisé ? Plus la

1. Olivier Sichel et l'Open Internet Project, Godefroy Jordan et Renaissancenumerique.org.
2. Source Open Internet Project.
3. http://www.google.com/patents/US8543339.

technologie avancera, plus cette frontière se brouillera, tout en excluant les humains « normaux » du système. Ou, plus précisément, ceux qui n'auront pas eu les moyens financiers d'intégrer les avancées technologiques à côté ou à l'intérieur même de leur corps. Il y aura le camp des « *haves* » et des « *have nots* ». Les pauvres humains trop humains, bons pour les maladies et la mort ; et les super-humains, bons pour l'éternité. Les humains insuffisamment « augmentés » technologiquement, qui n'auront pas assez de connaissances pour voter ou participer à la vie de la cité ; et les autres, « super-citoyens » « super-intelligents », ayant le privilège de voter. Quelle démocratie y résisterait ?

La financiarisation

Accompagnant la mondialisation et la numérisation, la financiarisation pousse l'économie à s'affranchir encore davantage des limites de nos réalités humaines et terrestres.

– Nous sommes 7,2 milliards d'êtres humains sur Terre. Ensemble, nous produisons chaque année des richesses d'un montant d'environ 75 000 milliards de dollars[1]. En moyenne, chaque Terrien génère donc une richesse annuelle d'un

1. FMI et Banque mondiale, qui additionnent les PIB (produits intérieurs bruts) des différents pays du monde.

peu plus de 10 000 dollars. Ayons en tête ce point de repère commensurable, pour mieux saisir le caractère incommensurable de ce qui va suivre.

– Chaque année, il s'échange, sur un marché détaché de toute réalité tangible autre que celle des flux électroniques, des clics sur des ordinateurs, près de 2 millions de milliards de dollars. Très précisément 1 934 500 000 000 000 dollars[1]. Il s'agit du marché mondial des devises, où l'on échange des dollars contre des euros, des yens contre des livres sterling, etc. Ce marché représente vingt-cinq fois la production mondiale de richesses. Il n'a plus aucun rapport avec la réalité économique ou sociale du monde.

– Il existe aujourd'hui une forme nouvelle d'activité bancaire : le « *shadow banking* », littéralement, les activités bancaires de l'ombre. Certains acteurs financiers, affranchis de toute réglementation bancaire, se sont, au fil du temps, octroyé la possibilité de faire comme les banques : transformer des dépôts de court terme (votre argent à la banque) en des crédits de long terme, en s'endettant. Qui est capable de contrôler le niveau de leur endettement, la nature de leurs activités, ou de vérifier si leurs bilans peuvent supporter ces risques ? En 2007, le *shadow banking*, puissant facteur d'aggravation de la crise de 2008, représentait 62 000 milliards

1. Source BRI (Banque des règlements internationaux).

de dollars. Pratiquement la richesse annuelle de la Terre ! Après la crise, a-t-on réduit à néant, ou strictement encadré, ces activités non contrôlées ? J'ai encore à l'oreille les très beaux mots du président des États-Unis, Barack Obama, stigmatisant la folie de Wall Street, et réclamant pour ces « milliardaires et millionnaires » un « contrôle parental » strict de leurs activités (« *adult supervision* »)[1]. Or, aux dernières nouvelles, le *shadow banking* pèse plus de 75 000 milliards de dollars : il a augmenté[2] ! Et représente maintenant 120 % de la richesse annuelle de la Terre.

J'ai cru, pendant quelques mois, que la très grave crise de 2008 allait être l'occasion historique pour les dirigeants du monde réel – les chefs d'État, ministres, chefs d'entreprise, banquiers centraux du monde entier – de reprendre la main. Les sommets du G20 avaient cette vocation-là. Avec de nombreux économistes, je poussais pour plus de régulation de cette finance devenue folle[3]. Quelques rares voix, parmi lesquelles celle de Paul Volcker[4],

---

1. Andrew Clark, « Obama promises "adult supervision" for Wall Street », *The Guardian*, 19 décembre 2008.

2. Source Financial Stability Board.

3. Briefing Papers de l'institut Montaigne avant les G20 de Londres et Pittsburgh, mars et septembre 2009, http://www.institutmontaigne.org/fr/publications/reconstruire-la-finance-pour-relancer-leconomie et http://www.institutmontaigne.org/fr/publications/entre-g2-et-g20-leurope-face-la-crise-financiere.

4. Président mythique de la réserve américaine ayant vécu l'inflation au début des années 1980.

ont tenté de faire rentrer ce mauvais génie dans la bouteille, et de désarmer les acteurs les plus dangereux de la financiarisation : les fonds spéculatifs, fonds vautours ; ceux qui ont aujourd'hui le pouvoir de mettre à terre des pays entiers, tel l'Argentine. Or, au lieu de les désarmer, les institutions mondiales ont décidé de les réarmer. Telle a été la politique des banquiers centraux des grands pays du monde : les banques privées ayant, dans leur euphorie gloutonne d'avant-crise, acheté à prix d'or des actifs devenus invendables, elles ne pouvaient plus remplir leur fonction, qui était de prêter de l'argent aux entreprises, aux ménages. Les banques centrales décidèrent donc, les unes après les autres, de racheter ces produits invendables, en créant de l'argent *ex nihilo*. Cela s'appelle le *quantitative easing* : depuis 2008, les dirigeants des six principales banques centrales du monde se sont ainsi employés, à partir de leurs ordinateurs, à écrire des lignes de code électronique pour créer plus de 8 000 milliards de dollars de « vrai argent » à partir… de rien ! Des liquidités, qu'ils se sont empressés de distribuer aux banques du monde entier, en échange des actifs invendables de ces dernières.

Les banques centrales, censées être les gardiens du temple des monnaies du monde, ont ainsi chargé leurs bilans de produits toxiques – comme elles auraient introduit une moisissure dans un coffre rempli de billets de banque. Sans doute n'avaient-elles alors pas d'autre choix raisonnable – l'alternative était la crise cardiaque du système financier mondial, faute d'être irrigué. Les banques privées ont pu pleinement profiter de l'aubaine pour reconstituer à toute vitesse leurs profits, leurs activités de spéculation. Et le niveau de leurs rémunérations. En 2013, les banquiers de Wall Street, qui avaient mené le système financier mondial au bord de la faillite en 2008, se sont partagé 26,7 milliards de dollars. Soit 10 milliards de plus qu'en 2008[1].

Les banques privées débordent de ressources inutilisées. À tel point que celles qui se voient infliger des amendes considérables – les unes pour avoir blanchi de l'argent de cartels de drogue d'Amérique latine ; les autres pour avoir délibérément trompé leurs clients américains – ont un seul message à communiquer aux marchés : « Même pas mal ! » Depuis 2009, ces banques américaines et européennes ont payé plus de 128 milliards de dollars d'amendes à l'État américain, sans qu'aucune ne soit en difficulté. Et pour cause : toujours depuis 2009, les seules banques américaines ont dégagé plus de 500 milliards de dollars de profits[2].

Les entreprises suivent le mouvement. Elles non plus ne savent plus quoi faire des profits qu'elles

1. New York State Comptroller ; 164 530 dollars de bonus en moyenne par personne.

2. FDIC, *Wall Street Journal*, Reuters.

ont accumulés. Ainsi des 500 plus grandes entreprises américaines cotées en Bourse qui, en 2013, ont reversé 95 % de leurs profits à leurs actionnaires.

Cette panne de projets, de désir ou de volonté de réinvestir l'argent du passé pour financer l'avenir se lit aussi dans les niveaux de trésorerie dantesques des entreprises : fin 2013, les entreprises américaines étaient assises sur 1 600 milliards de dollars de trésorerie[1], tandis que les entreprises européennes, africaines et du Moyen-Orient thésaurisaient plus de 1 000 milliards de dollars[2]. Soit autant que le capital encore non investi (fin 2013) des fonds de *private equity*, que l'on appelle « *dry powder* » dans le jargon du métier[3]. De la poudre bien sèche, en effet, et qui n'irrigue rien sinon les commissions de gestion de quelques *happy few*.

« Tout ça pour ça ! » Dans le monde entier, l'on pressurise les hommes et les femmes du secteur privé pour qu'ils soient plus productifs – la menace du chômage étant persuasive : il existe plus de 200 millions de chômeurs dans le monde. 75 millions de ces chômeurs ont moins de vingt-cinq ans. Les jeunes sont trois fois plus touchés

1. Agence de notation Moody's.
2. Selon le cabinet d'audit et de conseil Deloitte, 3 500 milliards de dollars ont été thésaurisés par les entreprises au plan mondial à fin 2013.
3. http://www.preqin.com.

par le chômage que leurs aînés : un drame particulièrement marqué en Europe et au Moyen-Orient, et qui alimente tous les fanatismes, rapidement habillés de discours prétendument religieux et franchement xénophobes. À ces 200 millions de chômeurs viennent s'ajouter les 839 millions de travailleurs vivant avec moins de 2 dollars par jour[1]. Et les entreprises continuent, dans le monde entier, les exercices de « *cost-cutting* », ne relâchant jamais la pression quotidienne pour que leurs salariés soient toujours plus performants et compétitifs… jusqu'à ce qu'un robot les remplace un jour.

Telle est la réalité de la nouvelle économie du XXIe siècle : une économie mondialisée, en voie de numérisation rapide, sur-financiarisée. Mais qui n'a pas assez confiance dans l'humanité ou l'avenir pour y réinvestir ses profits.

SORTIR DU PIÈGE DE LA NOUVELLE ÉCONOMIE : LE SCÉNARIO NOIR DE L'ACCIDENT OU LA LIBÉRATION

Comment sortir du piège de la nouvelle économie ?

Je vois deux possibilités, et deux seulement. La première est celle qu'il nous faut à tout prix éviter : c'est le scénario noir de l'accident, voulu ou subi, au cœur même du réacteur de la nouvelle

1. BIT (Bureau international du travail).

économie. À savoir sur les marchés financiers mondialisés et numérisés, sur lesquels les humains ont de moins en moins de prise.

Le scénario noir de l'accident

Trois accidents peuvent se produire, avec sans doute la même probabilité d'occurrence :

– ***Une crise financière comparable à 2008***, mais que le système mondial n'arriverait pas à endiguer. Avec le recul, et pour l'avoir vécu au plus près, à New York, je sais que nous sommes passés tout près d'une faillite financière mondiale. La chance ou la Providence en a décidé autrement. Mais, depuis cet épisode, aucun pare-feu significatif n'a été mis en place pour affronter le prochain incendie. D'où surgira-t-il ? Du ralentissement de l'économie mondiale, provoquant un krach obligataire en Europe ? Ou d'une faillite bancaire en Chine ? Peu importe : lorsque l'incendie se propagera dans le système financier interconnecté, il avancera loin. Et vite.

– ***Un emballement accidentel des robots de marché.*** Cet accident a déjà eu lieu, à petite échelle. Le 6 mai 2010, à la Bourse de New York, s'est produit ce que l'on a appelé le « *flash crash* ». À cette époque, les deux tiers des transactions boursières étaient réalisées par des robots (nourris d'algorithmes). Pour des raisons que personne, à commencer par la SEC (Securities and Exchange Commission), le régulateur américain, n'a pu vraiment élucider, les robots de marché se sont emballés, détruisant en vingt minutes 862 milliards de dollars de valorisation boursière[1]. Il a fallu une intervention humaine *in extremis* – le patron du New York Stock Exchange « débranchant la prise » du marché (annulant arbitrairement des centaines de milliers de transactions) – pour que ce krach boursier soit contenu et maîtrisé. Si nous ne prenons pas les devants, nous aurons d'autres *flash crashes*, à plus grande échelle, entraînant dans leur sillage les autres places financières mondiales, toutes interconnectées. Et ce, d'autant plus que la part des transactions boursières automatisées et la vitesse à laquelle elles sont effectuées ne cessent d'augmenter. Ainsi du trading de haute fréquence, qui représente la moitié des transactions boursières aux États-Unis, et permet d'exécuter les ordres à la vitesse de la lumière, voire au-delà : il est désormais possible aux robots de marché d'exécuter, dans le temps d'un clignement d'œil (100 millisecondes), pas moins de 600 transactions boursières. Qui dit mieux ?

1. ... jusqu'au 21 avril 2015, date de l'arrestation du trader londonien Navinder Singh Sarao, qui avait manipulé le marché américain avec un ordinateur et un logiciel de gestion, installés dans sa maison de la banlieue de Londres. http://www.standard.co.uk/business/business-news/london-man-arrested-in-investigation-over-2010-stock-market-flash-crash-10194154.html.

– *Une attaque délibérée.* Un tel accident de marché mondial numérisé, susceptible de faire s'évaporer des pans entiers de richesse financière, pourra être le fruit du hasard – la complexité des machines interagissant entre elles – ou d'une stratégie délibérée de destruction de place financière. Si un groupe de hackers non identifiés a pu pénétrer pendant l'été 2014 les systèmes informatiques de la banque la plus puissante des États-Unis d'Amérique (JPMorgan) et dérober – pour un usage futur encore indéterminé – les données personnelles de 76 millions de foyers américains, alors quelles données et informations financières sont aujourd'hui à l'abri ? Quelle banque, quelle place financière peut déclarer sans ciller qu'elle est totalement immunisée contre de tels risques d'intrusion ? Henri de Castries, le P-DG d'AXA, première compagnie d'assurances au monde, déclarait en avril 2014 que le premier risque des assureurs mondiaux serait bientôt le risque cyber[1]. Devant les accidents de la circulation, les catastrophes naturelles, les guerres.

Qui peut regarder sereinement son compte en banque en ligne, en sachant que, en quelques clics, grâce à un simple jeu d'écriture électronique, quelqu'un, quelque part, n'importe quand, pourra le vider de son contenu et disparaître ? Si l'injection de milliers de milliards de liquidités par les

1. Interview aux *Échos*, 23 avril 2014.

banques centrales se résume, *in fine*, à l'écriture d'une ligne de code, l'écriture d'une autre ligne de code ne peut-elle pas, aussi aisément, effacer ces mêmes milliers de milliards de liquidités ?

Les investisseurs de long terme et les conseillers avisés en gestion patrimoniale ne manqueront pas de se prémunir contre un tel risque. Ils investissent aujourd'hui à tour de bras dans les actifs tangibles : entreprises, économie réelle, immeubles, terres agricoles. Ils ont bien raison. Mais la question qui nous préoccupe ne concerne pas l'optimisation d'un bilan ou d'une situation patrimoniale : il s'agit d'éviter une déflagration économique, financière et sociale, à côté de laquelle les crises de 1929 ou de 2008 seraient des épiphénomènes.

Faut-il attendre un nouveau Déluge, cette fois-ci financier, pour remettre nos sociétés à l'endroit ? C'est-à-dire asservir enfin la finance à l'économie, et l'économie mondialisée à l'humanité, plutôt que l'inverse. Dominer les algorithmes et les robots qui vont envahir nos sociétés, pour en faire nos serviteurs au lieu de les laisser, par confort et paresse, dicter nos préférences puis nos choix. Récupérer la souveraineté que nous avons abandonnée au profit d'empires numériques monopolistiques, plus puissants que les États du monde, capables de produire et de lever demain des armées de machines, et qui ont le culot ou le cynisme d'accompagner leurs actions commerciales prédatrices d'un slogan qui ne trompe personne : « *Don't be evil.* »

« *Don't be evil.* » Qui nous délivrera de ce mal-là ? C'est le second et dernier scénario, celui de la libération : il revient aux humains, aidés d'une autorité supérieure à celles des machines ou de la finance, de se libérer eux-mêmes du piège de la nouvelle économie.

Le scénario de la libération

« Rien ne se construit en dehors des réalités », affirmait Charles de Gaulle. Or, si l'on veut construire, ou reconstruire, une économie et une société mondiales en mettant l'humain au centre, il faut partir d'un constat simple : aucune puissance financière ne peut espérer contrer la puissance de feu de l'économie mondiale financiarisée de 2014. De même, aucune nation ni organisation d'États, aussi sophistiqués et puissants soient-ils, ne saura rivaliser avec les systèmes d'intelligence artificielle qui se déploient aujourd'hui, autour des 10 milliards d'objets connectés à Internet, à une vitesse surhumaine – celle des ordinateurs en réseau[1].

Dieu merci, les humains sont dotés d'un outil bien plus puissant. Cet outil est aussi petit qu'un grain de sable, ou de sénevé, dans une mécanique

1. Source IMS.

trop bien huilée. Aussi encombrant qu'un petit caillou. Ce « petit caillou » que nos aînés appelaient, en latin, « *scrupulum* ». Le scrupule : ce « petit caillou pointu » dans la chaussure, qui empêche d'avancer trop vite vers la catastrophe.

Le scrupule, ou l'éveil de la conscience. Le meilleur antidote contre cette nouvelle économie qui voudrait nous déshumaniser – nous « transhumaniser », pour parler comme les mauvais prophètes de la Silicon Valley –, c'est bien la conscience humaine. Aucune machine – aussi sophistiquée soit-elle –, aucun totalitarisme – et le transhumanisme en est incontestablement un –, aucune masse d'argent ne réussira à ensevelir la conscience humaine. L'histoire nous l'a montré, et particulièrement celle du siècle passé, d'Alexandre Soljenitsyne à Václav Havel en passant par Lech Wałęsa, Elie Wiesel, Nelson Mandela, Gandhi, « la dernière femme morte à Ravensbrück pour avoir donné asile à l'un des nôtres[1] » ; et Karol Wojtyła. Au XXIe siècle, la conscience humaine dominera à nouveau les machines et la finance, comme elle a eu raison des totalitarismes du XXe siècle.

« Un marteau voit des clous partout », et certains entrepreneurs et ingénieurs de la Silicon Valley, de Bangalore en Inde ou de Zhongguancun en

1. André Malraux, discours du transfert des cendres de Jean Moulin au Panthéon, 19 décembre 1964.

Chine ne voient dans les êtres humains que des tas de chair, d'os et d'intelligence réductibles à une équation, à des molécules ; et donc reprogrammables et modifiables à l'infini. Il est aussi vrai que certains financiers de Wall Street, de la City ou de Hongkong ne voient dans les êtres humains qu'une série de « *cash-flows* », une capacité de travail, un patrimoine à valoriser et exploiter. Mais nous savons qu'ils ont déjà perdu la partie. Lors de travaux auxquels je participais au collège des Bernardins à Paris, école-cathédrale du XIIIe siècle, ressuscitée et sortie de terre en 2004, après une mise au tombeau de deux siècles – la Révolution française était passée par là –, fut évoqué le « Human Brain Project », et les travaux de pointe sur le cerveau humain réalisés par l'université Bar-Ilan à Tel-Aviv. Pour citer l'un de ces chercheurs : « On a réussi à isoler, pour un jour les dupliquer, toutes les fonctionnalités du cerveau humain, sauf une : la conscience. »

Cette conscience-là n'a pas abdiqué. Aux États-Unis, pays leader de la nouvelle économie, la voix de la conscience s'appelle la philanthropie. Le « *give-back* ». Chaque année, 95 % des foyers américains donnent aux associations caritatives, pour un total de plus de 300 milliards de dollars[1]. Voilà une première piste pour désamorcer le piège dans

1. Source National Philanthropic Trust.

lequel nous met la nouvelle économie, et remettre l'homme au centre.

La deuxième piste est européenne : il s'agit de l'émergence, lente mais régulière, de l'économie du partage. En Europe, sans doute plus qu'ailleurs, existe la conscience d'un monde aux ressources, humaines et naturelles, limitées. Alors, plutôt que d'adopter des attitudes prédatrices et mercantilistes, qui abondent dans le reste du monde, on y fait le choix de partager ce qui est rare, en évitant autant que possible la transaction monétaire. On partage ou échange un trajet en voiture. Un service à domicile. Un logement. L'humain reprend ses droits ; la communauté locale aussi. L'économie du partage – utiliser un bien plutôt que de le posséder – a un bel avenir devant elle[1].

La philanthropie américaine, et le sens européen du partage. L'Asie n'est pas en reste dans ces registres : Jack Ma, le fondateur d'Alibaba et première fortune chinoise, a la volonté et le potentiel pour devenir le plus grand philanthrope du début du XXIe siècle, et inspirer un nouveau modèle de développement à ses compatriotes.

Le partage et la philanthropie. Aucun algorithme ne saura dupliquer, ou anticiper, ces surgissements de la conscience humaine qui aura le dernier mot.

---

1. En 2012, 2 Britanniques sur 3 et un Allemand sur 4 étaient des « co-consommateurs ». (« L'économie du partage en Europe », Arte, juillet 2013.)

Mais comment la faire resurgir, sans tarder, dans une nouvelle économie qui se déshumanise à grande vitesse ?

Une voie technique mérite d'être explorée sur le moyen terme, avec les organisations mondiales outillées pour cela (FMI, Banque mondiale, ONU) : celle des normes, et des « labels » de consommation. Le moment est venu d'imposer, mondialement, des normes tout simplement humaines à la mondialisation, la numérisation et la financiarisation de nos économies. « *Human inside.* » Travailler avec, et primer, les entreprises et institutions financières privilégiant de façon concrète et mesurable, dans leur processus de création de richesses, l'humain plutôt que le transhumain ou les machines ; la philanthropie (des actionnaires, dirigeants, salariés) plutôt que la rapacité ; le partage plutôt que la prédation. Il ne s'agit pas uniquement de relier la création de richesses à la création effective d'emplois par une entreprise – ce serait déjà un bon début, mais insuffisant : les conditions du travail effectué et l'impact de celui-ci sur l'environnement – ce que les chrétiens appellent la Création – doivent tout autant être pris en compte. Comme devront être prises en compte les conditions de vie de celles et ceux, sans doute de plus en plus nombreux, qui ne pourront plus participer directement à l'économie productive.

Voilà un vrai programme d'actions que devraient entreprendre d'urgence ces organisations mondiales, mais aussi tous ceux qui sont en responsabilité et en pointe dans les développements de la nouvelle économie, des financiers de Wall Street et Hongkong aux ingénieurs de la Silicon Valley et de Pékin, en passant par Londres, Berlin, Tel-Aviv, Bangalore, et tous les « *hubs* » technologiques et financiers qui préparent le monde dans lequel nous vivrons demain. Ce programme prendra du temps. Or c'est aujourd'hui que le surgissement de la conscience humaine, dans une économie qui l'est de moins en moins, doit avoir lieu. Ce surgissement a besoin d'une « *springboard* » : une planche de saut, comme il existe des planches de salut. Celle que peut donner une autorité morale et spirituelle supérieure.

Je rêve qu'un jour proche, dans un monde de plus en plus barbare, où la conscience humaine s'éclipse, un homme investi d'une telle autorité morale et spirituelle se lève. Prenne son bâton de pèlerin. Se dirige droit vers ce qui est aujourd'hui le centre de l'économie mondiale et le siège des Nations unies : New York. Qu'il embarque avec lui, sans réserve ni exception, tous les leaders des grandes religions. Et que, ensemble, ils aillent porter aux leaders économiques, financiers et politiques du XXIe siècle, ce message simple : « *Tear down this wall.* » « Faites tomber ce mur. » À l'image de saint Jean-Paul II à partir de 1978 puis de Ronald Reagan avec le mur de Berlin en 1987, qu'ils somment les élites mondiales de faire tomber ce mur improbable. Ce mur de l'argent fou et des technologies aliénantes, qui sépare les hommes, exacerbe les inégalités, rivalités et violences entre eux. Ce mur invisible mais agissant, qui pousse les êtres humains à sortir de la vie démocratique, économique et sociale au profit de machines sans âme.

« *Tear down this wall.* » Qui saura imposer, avant qu'il ne soit trop tard, ce surgissement de la conscience humaine, cette option préférentielle pour l'homme ?

Qui d'autre que le pape François, ailleurs qu'à New York, cinquante ans après le discours pour la paix de Paul VI à l'ONU, peut porter un tel message de libération ?

III

Une guerre de trois mille ans : le Veau d'or contre l'humanité

ÉTATS-UNIS : *IN POPE FRANCIS THEY TRUST ?*

23 février 2015. Je viens de passer un mois à New York et Washington DC. Profitant d'un voyage pour mes activités professionnelles là-bas, j'ai commencé à sonder quelques contacts diplomatiques, politiques et économiques pour ce qui sera vraisemblablement un des événements les plus marquants de la décennie, dans ces villes qui n'en manquent pas.

« *Ground-breaking!... historic event... unique.* » L'enthousiasme des Américains pour la visite du pape François est total. Jamais un pape ne s'est adressé devant les deux chambres réunies du Congrès américain.

À l'ONU, il prononcera un discours pour la paix, cinquante ans après celui de Paul VI qui avait marqué les esprits et les consciences, en pleine guerre du Vietnam. Il posera ensuite une série de gestes et d'initiatives, les uns en direction de la société américaine, de la communauté économique et financière, les autres dans le domaine du dialogue sinon du rapprochement entre les religions, qui feront date.

« C'est extraordinaire : c'est la première fois qu'un pape vient à New York, non ? » L'enthousiasme éclipse les visites de ses deux prédécesseurs. Celles de Jean-Paul II en 1979 et 1995, ou celle de Benoît XVI en 2008.

Il y a comme une attente supérieure pour cette visite-là. L'explication m'est donnée par un dirigeant d'un des principaux groupes de communication américains, basé à New York : « *He is the only true global leader in a world lacking global leadership.* » « Le seul vrai leader mondial dans un monde sans leadership. »

La seconde partie de la phrase est une certitude : les défis du temps présent réclament un leadership mondial qui transcende les intérêts particuliers, qu'ils soient nationaux, régionaux ou économiques. Les atteintes à l'environnement, la lutte contre la pauvreté, le changement climatique, le maintien de la paix dans le monde ne peuvent plus être l'affaire d'une nation ni même d'un groupe de nations.

Il en va de même du front économique : depuis la crise mondiale de 2008, provoquée par les excès de la finance américaine, les solutions ne pouvaient se trouver que dans une coordination mondiale. Faute de leadership, celle-là n'a jamais eu lieu, chacun préférant jouer avec sa monnaie, sa banque centrale, son cadre réglementaire, pour tenter de s'en sortir mieux que le voisin.

Idem pour le front technologique : dans la course de vitesse à l'innovation, course dans laquelle les États et leurs droits territoriaux sont largement dépassés par les entreprises du numérique qui ignorent les frontières et imposent leurs lois, il n'y a personne pour imposer des normes mondiales acceptables par tous. Personne pour imposer des limites aux manipulations des êtres humains par la technique, ou au pillage des données personnelles et des vies privées par les aspirateurs à données que sont devenues les plateformes numériques.

Le pape François serait-il capable de susciter l'émergence d'un tel leadership mondial ? Ayant grandi dans un pays vilipendant toute forme d'autorité morale ou spirituelle, à commencer par celle qui fut dominante il y a quelques siècles, je sais combien une telle proposition peut susciter de scepticisme, voire de mépris.

Mais pourtant, la réalité est celle-ci : ce pape, par son histoire personnelle, sa formation jésuite et les positions qu'il a adoptées depuis son pontificat, est investi de cette autorité-là, aux quatre coins du globe. On lui fait le crédit de s'exprimer non pas tant pour les intérêts particuliers immédiats de l'Église catholique – qu'il n'hésite pas à maltraiter, réformer et secouer dans tous les sens – mais pour ce que nous appelons le bien commun. L'intérêt de tous. Il s'exprime pour ceux qui n'ont pas de porte-parole, ou ceux que l'on ne veut plus ni entendre ni voir. Les naufragés de Lampedusa. Les Roms. Les Arméniens exterminés en 1915 – quitte à se fâcher violemment avec la diplomatie turque, qui l'avait pourtant accueilli à bras ouverts à Istanbul le 29 novembre 2014. Une visite pendant laquelle le pape François avait prié en direction de La Mecque, avec le grand mufti d'Istanbul, Rahmi Yaran, au moment où musulmans et chrétiens se faisaient massacrer dans les pays limitrophes de la Turquie (Syrie, Irak notamment). Il le fit non par faiblesse, ni pour faire plaisir à son interlocuteur – ce n'est pas le genre de ce pape-là, de « faire plaisir » –, mais pour envoyer un message simple : il n'existe qu'un seul Dieu. Nous sommes les enfants d'un même Père. Il serait temps que nous arrêtions de nous entretuer, que nous acceptions nos différences pour avancer ensemble dans cette vallée de larmes.

C'est un fait : le pape François, venu d'un pays du Sud en crise économique et identitaire profonde, et non de la vieille Europe ou de l'Occident dominant, parle le langage et connaît la réalité du XXIe siècle. Il est compris par tous. Il est le seul leader mondial aujourd'hui audible. Ni Barack Obama, ni Xi Jinping, ni aucun autre chef religieux – notamment le dalaï-lama, du fait de la question tibétaine pour la Chine –, ni aucun scientifique, intellectuel ou écrivain, ne dispose de ce magistère mondial.

Son leadership marque les esprits de mes interlocuteurs américains : « Sa liberté et son humilité sont inouïes. C'est ce qui fait que nous le prenons très au sérieux : il n'est pas le chef engoncé d'une institution millénaire et d'une bureaucratie dont il serait prisonnier. Il se donne des marges de manœuvre importantes ; il sait que, pour réussir sa mission, il doit réformer en profondeur son institution. Il le fait sans ménagement. Nous aimons cela, en tant que chefs d'entreprise, et parce qu'il répond aux nécessités de l'époque : nous n'avons pas besoin de gestionnaires de l'existant, de bons élèves appliqués. Nous avons besoin d'acteurs du changement. »

Plusieurs de mes interlocuteurs citèrent pour appuyer leur propos la volée de bois vert que le pape François administra à ses cardinaux lors de la cérémonie des vœux de fin d'année, le 22 décembre

2014, en listant les « 15 maladies » de la Curie romaine[1]. « Une véritable leçon de management : je l'ai diffusée à mes principaux collaborateurs ! »

La très forte attente autour de la visite du pape François aux États-Unis s'explique en grande partie par sa personnalité et le moment de cette visite. Mais aussi parce que la société américaine, comme les institutions mondiales, est en panne de leadership.

Un an avant les élections présidentielles américaines, chacun voudra s'associer à ce succès. Mes contacts chez les républicains comme les démocrates en témoignent : tous les candidats à la primaire des deux camps veulent « récupérer » cette dynamique. Contre son challenger inattendu, le gouverneur du Maryland et catholique Martin O'Malley, Hillary Clinton mettra en avant son directeur de campagne, le catholique John Podesta, d'autant plus que la plupart des candidats républicains aux primaires sont… catholiques ! Jeb Bush, converti au catholicisme par sa femme, Columba ; Marco Rubio ; Chris Christie, gouverneur du New Jersey[2]. Ou encore Ted Cruz, Rick Santorum, Bobby Jindal, George Pataki…

1. http://www.la-croix.com/Religion/Actualite/Pape-Francois-le-texte-integral-du-discours-des-15-maladies-2014-12-24-1258379, p. 3.

2. Voir à ce sujet l'article « Kiss the Ring » d'Elizabeth Dias, paru dans *TIME Magazine* le 21 mai 2015.

« Mais que va-t-il bien pouvoir nous dire sur l'économie, ce pape argentin ? »

L'attente positive est là, mais cohabite avec une certaine inquiétude, aussi, devant un pape imprévisible, aimant créer la surprise, et même brusquer ses interlocuteurs.

Or, des surprises, il y en aura. Sondant les attentes, notamment d'un clergé local souvent très conservateur sur les questions sociales mais aussi les questions économiques, j'obtins des réactions étonnantes. « Le pape vient à New York ? C'est une formidable occasion de "*fund-raising*" ! » Voilà ce que je pouvais entendre du côté de l'archevêché de New York, dirigé d'une main de fer par le très puissant cardinal Dolan. « Vous comprenez, nous devons lever 180 millions de dollars pour rénover la cathédrale Saint-Patrick. Nous avons besoin de lui, d'abord à Manhattan. » Cela, en réponse à ma suggestion de voir le pape François d'abord dans les quartiers les plus défavorisés de la ville, à commencer par le 17e district du Bronx. Celui de la paroisse Saint-Jérôme, où officie sœur Julia qui accueille, pour les intégrer dans la société américaine, des milliers de familles mexicaines venues sans rien. Sans argent, sans connaissance de l'anglais, voire de l'espagnol. Une paroisse qui, il y a un siècle, accueillait les mêmes immigrés clandestins, irlandais, puis italiens, puis afro-américains, puis portoricains.

Voir le pape François dans le Bronx ou à Harlem ; ou le voir rendre visite à des prisonniers dans un des temples de l'enfer carcéral américain, est-ce compatible avec le *fund-raising* à 180 millions de dollars pour la rénovation de Saint-Patrick, cathédrale enchâssée entre les grandes enseignes et les boutiques de luxe de la Cinquième Avenue ?

Comme c'est souvent le cas aux États-Unis, l'argent – l'argent qui manque, l'argent à lever, l'argent à investir – est au centre des conversations. Même lorsqu'il s'agit de la visite d'un pape.

Or le monde de l'argent qui domine aujourd'hui, des pieds à la tête, la politique américaine, n'est pas très à l'aise avec le discours du pape François sur l'économie. Une parole venant de l'étranger, une influence extérieure voudrait-elle battre en brèche cette position monopolistique de l'argent dans la démocratie américaine ? Aux États-Unis, pour se faire élire président, député, sénateur, et même magistrat (procureur), il faut d'abord faire campagne pour lever des fonds. La dernière campagne présidentielle a coûté 6 milliards de dollars. Celle des élections parlementaires de « *mid-term* » a coûté 4 milliards de dollars. Les prochaines seront probablement un multiple de ces sommes. Et ce, d'autant plus qu'une décision de la Cour suprême de 2010 a supprimé toute notion de limites au financement de campagnes par des personnes ou organisations privées. Elle l'a fait au nom du premier amendement de la Constitution américaine, sur la liberté d'expression. « *Money is a form of speech*[1]. » L'argent donné pour une campagne politique étant une forme d'expression, au nom de quoi mettrait-on des limites à cette liberté fondamentale ?

Les États-Unis ont ainsi résolu la problématique de la corruption : à partir du moment où elle est transparente et légale – c'est-à-dire où il est acceptable de financer sans limites un candidat politique avec de l'argent privé –, il n'y a plus de corruption.

Il va donc y avoir un conflit entre ces deux sacralités. Un conflit entre la vision américaine – le primat de l'argent sur tout, y compris le politique – et celle que porte le pape François, qui est radicalement différente.

Ce conflit, j'en ai eu un avant-goût lors de mes conversations, comme des avant-postes d'une ligne de front.

Ainsi de ce républicain, ancien des équipes de George W. Bush, ayant dirigé certaines des plus grandes organisations de ce pays, et travaillant aujourd'hui pour une firme financière, en attendant un éventuel retour au pouvoir de ses amis. Depuis son bureau de Washington DC, dominant,

1. L'argent, pour une campagne politique, est une liberté d'expression fondamentale et ne doit pas avoir de limites. C'était en tout cas l'opinion de 57 % des Américains sondés par Gallup à propos de cette décision de la Cour suprême en janvier 2010.

visuellement et sans doute aussi dans les faits, la colline du Congrès, il me fait part de son *a priori* favorable concernant la visite du pape à Washington… mais avec quelques réserves : « *Absent big mistakes, this visit will be a triumph.* » Sauf erreurs grossières, cette visite sera donc triomphale, estime mon interlocuteur. « D'abord parce que nous sommes un pays très religieux ; bien plus religieux que les pays sécularisés de la vieille Europe. L'Église catholique y a été défiée dès les premiers jours, par les protestants. Mais elle a pris toute sa place. Elle est respectée. Les migrations du XXe et du XXIe siècle (Irlandais, Italiens, Sud-Américains) l'ont renforcée. En tant que chef de cette institution, le pape François est le bienvenu. »

C'est tout ? « Simplement, qu'il ne fasse pas de *finger-pointing*. Qu'il ne montre pas du doigt nos faiblesses, nos limites. Sinon… *it will backfire !* Ce sera l'arroseur arrosé. Soyez très vigilants. »

Mon interlocuteur de plaider en faveur d'un discours très positif du pape, qui célébrerait essentiellement les réussites américaines des institutions catholiques dans son pays : « Les catholiques font un travail d'intégration formidable ; leurs écoles apportent beaucoup en termes de discipline, d'éthique du travail (*work ethic*), de valeurs familiales. Elles ont créé un important capital social dans ce pays. N'hésitez pas à mettre en avant ces vertus-là. »

L'éducation… et la technologie ! « Ce pays est un pays d'innovations, de ruptures et de progrès. Qu'il s'approprie cette culture ! Il faudrait qu'il visite des start-up. Ce serait génial de le voir manœuvrant un engin industriel, par exemple une grosse machine Caterpillar : cela montrerait une Église moderne, embrassant la réussite économique, le progrès technique. Tout cela est bon et positif », affirme mon interlocuteur.

Un ange passe sur cette image de réclame publicitaire. Et pourquoi pas affubler le pape de lunettes Google et d'une iWatch ? Certes, tout cela est bel et bon ; mais peut-être faut-il regarder en face ce qui ne fonctionne pas aussi bien qu'une « grosse machine Caterpillar » ou un iPhone, dans l'économie mondiale ? *Quid* des inégalités qui se creusent dans cette économie ? *Quid* des « plus pauvres parmi les pauvres », qui sont la priorité de l'Église catholique, en particulier avec ce pape ? Je cite à mon interlocuteur les dysfonctionnements de l'économie américaine. La difficulté, pour ceux qui n'ont pas eu la chance ou le privilège d'être nés au bon endroit, d'avoir reçu l'éducation et la culture nécessaires, pour ne pas rester au bord du chemin. Sans parler des « sorties de route ». J'évoque avec lui la possibilité de visites non programmées du pape, par exemple pour rencontrer des prisonniers, dans l'un des pays qui incarcère le plus au monde. Je cite ses dernières communications, sur la « culture du déchet » qui triomphe dans l'économie mondiale : si vous êtes trop jeune, trop vieux, trop lent, pas assez diplômé, pas assez flexible : dehors.

Mon interlocuteur me voit venir. « Sauf erreurs, la visite va être réussie. Or quelles sont-elles, ces erreurs possibles ? Elles sont essentiellement liées à sa vision, disons argentine, pour rester poli, de l'économie. » Il pousse ses pions : « Ce pape est argentin. Il dit des choses, il écrit des choses sur l'économie, qui ne passeront pas bien, ici. L'Argentine était le pays le plus riche au monde ; aujourd'hui, elle ne paie plus ses dettes, s'enfonce dans la corruption, l'inflation. Le pape veut montrer qu'il est au plus près des pauvres ? Très bien. Mais surtout, qu'il ne nous donne pas de leçons d'économie à l'argentine. Ce serait inaudible chez nous. L'idée que l'on va mieux s'occuper des pauvres et faire progresser la société en redistribuant l'argent, en renforçant les pouvoirs du gouvernement, avec plus d'impôts, plus de bureaucratie, non merci. *It will not fly, here…* »

« Touche pas au grisbi, salope[1]. » L'attaque est frontale ; le message assez bien argumenté. Aux États-Unis, on peut rire de tout, même de la mort : le jour des Morts, qui est devenu une fête joyeuse et commerciale (Halloween), en est un

---

1. Réplique de Me Folace dans *Les Tontons flingueurs* (film de Georges Lautner, 1963).

exemple. On peut rire de tout mais pas de l'argent, encore moins de l'argent qu'il faudrait redistribuer pour créer une société plus juste, où les écarts de fortunes, financières et personnelles, resteraient commensurables.

Mon interlocuteur a raison sur un point : l'Argentine est l'un des pires modèles de gestion politique d'une économie et d'une société. Le péronisme, et ses différentes déclinaisons sud-américaines, est le contraire du capitalisme. Cette idéologie nationale-socialiste économique favorise l'installation et le maintien au pouvoir de kleptocraties, appauvrissant gravement les pays dans lesquels elles sévissent. La recette, éprouvée dans l'Argentine péroniste et de Mme Kirchner, mais aussi dans le Venezuela de M. Chávez, la Russie de M. Poutine, le Brésil de Mme Rousseff, la Grèce depuis des décennies, est imparable. D'abord, on diabolise l'étranger et le capital, que l'on affuble de tous les maux. On ferme les frontières, en créant des taxes et prébendes dans tous les endroits possibles : sur le capital, le travail, les téléviseurs, peu importe. Ensuite, on se crée des obligés en démultipliant les actes de prévarication (ainsi du scandale Petrobras au Brésil[1]), et les postes en surnuméraire

1. Depuis dix ans, le géant de l'industrie pétrolière brésilienne est soupçonné par la justice (parquet indépendant du pouvoir politique, contrairement à la France) d'avoir versé plus de 3 milliards de dollars en financement occulte de partis politiques,

dans les fonctions publiques, par exemple les collectivités locales[1]. On blâme l'« étranger » de tous les maux, pour s'abstenir de regarder en face ses propres turpitudes. Et, surfant sur le clientélisme, le ressentiment national et la paupérisation du pays, on se fait réélire aussi souvent que possible. Mais si la démocratie ne garantit pas la réélection, on la truque ou on l'anesthésie. S'ensuivent les événements qui ont nourri l'actualité récente, en Argentine comme au Brésil, en Russie ou au Venezuela : assassinats d'opposants, de juges ou de figures médiatiques trop remuants ; corruption généralisée des élites économiques et politiques (ce faisant, tous ont intérêt à faire durer le système en place) ; inflation ; chômage ; insécurité. Et, lorsque la demande d'ordre devient supérieure à tout le reste, c'est le retour des dictatures, militaires ou policières.

L'argument de mon interlocuteur est solide. Mais sa charge, réduisant le message que pourrait porter le leader de l'Église catholique sur les

---

et pots-de-vin à une quarantaine de responsables politiques brésiliens (25 députés, 6 sénateurs, 3 gouverneurs). Le plus grand scandale de l'histoire politique du Brésil touche tous les partis, notamment ceux de la coalition actuellement au pouvoir. Alors ministre de l'Énergie, la présidente Dilma Rousseff était présidente du conseil d'administration de Petrobras au moment des faits.

1. Un modèle expérimenté par la Grèce actuelle, pour son plus grand malheur.

désordres économiques mondiaux à la nationalité du pape François, est grossièrement malhonnête.

« Il y a de nombreuses façons de fermer la bouche d'un homme, sans qu'il soit besoin de le tuer », me disait un de mes interlocuteurs au Vatican, à qui je m'ouvrais des risques d'attentat contre la personne du pape François, dont l'action dérange bien des intérêts et réseaux. Notamment les plus glauques et les plus financiers. Le nettoyage des écuries d'Augias autour de la banque du Vatican (IOR), ou des scandales pédophiles, longtemps différés, ne fait pas que des heureux. Une façon de lui « fermer la bouche » est effectivement de se prêter au jeu, classique chez les bolcheviks, du : « D'où parles-tu, camarade ? » Ce pape est argentin ? Il n'y connaît donc rien en économie. Ne l'écoutons même pas.

Personne ne réussira à « fermer la bouche » de ce pape sur les questions économiques, parce qu'il exprime une vision du monde, et de la place de l'argent dans le monde, qui vient de bien plus loin que l'Argentine de Juan Perón. Une vision qui a commencé à prendre corps, en contrebas du mont Sinaï, voici plus de trois mille ans.

« Boko Haram » signifie « interdire le livre ». Avant d'explorer les textes d'autres religions, ouvrons les pages de ces livres qui construisent aujourd'hui la réponse judéo-chrétienne aux défis du monde économique actuel. Une réponse qui se veut universelle.

Rouvrir les livres, depuis l'Exode

L'argent est rarement à la fête dans les Évangiles comme dans l'Ancien Testament. Il est même, à plusieurs reprises, désigné comme un ennemi à abattre, car source de tous les maux, à commencer par l'aliénation des hommes. Avant le Christ, dans l'Ancien Testament, Dieu vient de libérer le peuple juif de son esclavage en Égypte. Emmenés par Moïse, ils arrivent aux abords du mont Sinaï, que Moïse gravit pour recevoir les commandements de Dieu. Or, comme il tarde à redescendre – notamment avec les Tables de la Loi –, le peuple juif décide de se fabriquer une idole : ce sera le Veau d'or d'Aaron : « Ôtez les anneaux d'or qui sont aux oreilles de vos femmes, de vos fils et de vos filles, et apportez-les-moi[1]. » Et le peuple de célébrer ce Veau d'or comme son libérateur : « Israël ! voici ton dieu, qui t'a fait sortir du pays d'Égypte[2]. »

Imposture de l'or, et de l'argent, que l'on croit tout-puissant, capable de « libérer » les hommes, alors qu'il les met en esclavage.

1. Exode, 32,2.
2. Exode, 32,4.

L'Éternel est fou furieux. Moïse a beau, dans un premier temps, implorer le pardon pour son peuple versatile, qui tourne le dos à la vérité et à son Dieu qui vient de le libérer, pour se remettre en esclavage, « sous influence », rien n'y fait. La colère est terrible, et dévastatrice.

« Ainsi parle l'Éternel, le Dieu d'Israël : "Que chacun de vous mette son épée au côté ; traversez et parcourez le camp d'une porte à l'autre, et que chacun tue son frère, son parent." Les enfants de Lévi firent ce qu'ordonnait Moïse ; et environ trois mille hommes parmi le peuple périrent en cette journée[1]. »

C'est uniquement après cet holocauste que Dieu consent à renouveler son alliance avec Israël.

Cette violence divine, nous la retrouvons, comme en miroir, dans la seule scène des Évangiles où le Christ s'emporte, et va utiliser la violence physique contre d'autres hommes. Ce sont les marchands du Temple, chassés à coups de fouet.

« Comme la Pâque juive était proche, Jésus monta à Jérusalem. Dans le Temple, il trouva installés les marchands de bœufs, de brebis et de colombes, et les changeurs. Il fit un fouet avec des cordes, et les chassa tous du Temple, ainsi que les brebis et les bœufs ; il jeta par terre la monnaie des changeurs, renversa leurs comptoirs, et dit aux

1. Exode, 32,27.

marchands de colombes : “Enlevez cela d’ici. Cessez de faire de la maison de mon Père une maison de commerce[1].” »

Les Évangiles soulignent un sérieux problème avec l’argent. Même une incompatibilité entre la poursuite de la fortune et l’accomplissement de la vie humaine et spirituelle. Le Christ insistera un peu plus tard, expliquant qu’on ne peut servir deux maîtres à la fois : « Aucun domestique ne peut servir deux maîtres : ou bien, il détestera le premier et aimera le second ; ou bien il s’attachera au premier et méprisera le second. Vous ne pouvez pas servir à la fois Dieu et l’Argent[2]. » Il faut choisir. Le choix est d’ailleurs tellement difficile, quasiment impossible pour un être humain, qu’« il est plus facile à un chameau de passer par le trou d’une aiguille qu’à un riche d’entrer dans le Royaume de Dieu[3] ».

Bien sûr, il existe d’autres passages plus accommodants dans les Écritures. Ainsi, les financiers raffolent de la parabole des talents, qui invite les hommes à prendre des risques financiers, à placer leur argent, leurs « talents », sur des entreprises risquées, plutôt qu’à le mettre en terre. Une lecture un peu rapide de la question fondamentale : « Qu’as-tu fait de ton talent ? » As-tu mis ta richesse et tes dons au service de la vie, des

1. Évangile selon saint Jean, 2,13-16.
2. Évangile selon saint Luc, 16,13.
3. Évangile selon saint Marc, 10,25.

autres, de la construction d'un monde meilleur ou les as-tu jalousement gardés et accumulés pour toi, ne laissant que des miettes aux autres ?

Il y a aussi – juste avant que le Christ ne chasse les marchands du Temple à coups de fouet – la rencontre à Jéricho, avec le riche Zachée, « chef des collecteurs d'impôts », sorte de trésorier-payeur général.

« Il cherchait à voir qui était Jésus, mais il ne le pouvait pas à cause de la foule, car il était de petite taille. Il courut donc en avant et grimpa sur un sycomore pour voir Jésus qui allait passer par là. Arrivé à cet endroit, Jésus leva les yeux et lui dit : "Zachée, descends vite : aujourd'hui il faut que j'aille demeurer dans ta maison." Vite, il descendit et reçut Jésus avec joie.

« Voyant cela, tous récriminaient : "Il est allé loger chez un homme qui est un pécheur[1]." »

Le Christ est venu sauver tous les pécheurs, en particulier les riches. Il n'hésite pas à aller à leur rencontre, à s'inviter chez eux. Non pas pour les juger, les mettre en prison ou les guillotiner, mais bien pour devenir leur ami, et fêter ceux que l'accumulation de biens n'a pas encore totalement étouffés. C'est le cas de Zachée, qui a envie de voir qui est ce Christ au point de « courir » vers lui, et

1. Évangile selon saint Luc, 19,3-7.

de grimper dans un arbre. Zachée est riche, très riche même. Et généreux. « Voici, Seigneur : je fais don aux pauvres de la moitié de mes biens, et si j'ai fait du tort à quelqu'un, je lui rendrai quatre fois plus[1]. »

Voilà ce à quoi les riches sont invités : à faire sortir de leur cœur, plus que de leur portefeuille, ce qu'il a de meilleur. Leur faire découvrir et goûter la joie de donner et de partager. Une joie bien plus féconde que l'autocélébration de leur fortune et de leurs réalisations.

La doctrine sociale contre l'égotisme ploutocrate

Le discours économique de l'Église catholique, en particulier celui du pape François, prend sa source bien plus profondément que dans l'expérience désastreuse du péronisme argentin, censé avoir marqué les années de formation de Jorge Bergoglio. Mon interlocuteur à Washington le sait parfaitement. Il a lu ces livres – sa tradition protestante et sa *work ethic* familiale en faisaient un passage obligé. Serait-il prisonnier d'une interprétation très personnelle et peut-être caricaturée du

1. Évangile selon saint Luc, 19,8.

calvinisme ? Une interprétation donnée par Max Weber dans *L'Éthique protestante et l'esprit du capitalisme*, selon laquelle la réussite économique serait un signe clair que Dieu est avec nous, nous couvre de ses bienfaits et nous promet le salut, pour les bonnes œuvres que nous accomplissons ici-bas. Cette théorie de la prédestination encourage donc les êtres humains à la création de richesses, puisque celle-ci démontrerait que leur salut est acquis. Une éthique protestante qui est aussi celle de l'effort et du partage de la richesse, dont chacun pourra disposer sans ostentation.

Or c'est justement au moment où Max Weber écrit son *Éthique protestante* qu'émergent les premiers textes de la doctrine sociale de l'Église qui fondent cette réponse actuelle.

Cette doctrine sociale est un effort entrepris par l'Église catholique depuis la fin du XIXe siècle pour apporter, non des règles, mais des principes permettant de « guider la conduite de la personne » dans la société dans laquelle elle vit. Une société qui, comme aujourd'hui, connaissait des mutations extrêmement rapides, et même violentes, avec la révolution industrielle apportant le progrès technique et une croissance économique fulgurante. Mais cette vague creusa les disparités sociales au point de remettre en cause, violemment, les ordres politiques établis. Quand le pape Léon XIII publie la première encyclique consacrée à cet effort, *Rerum novarum* (« Des choses nouvelles »), l'Europe sort d'un siècle de révolutions politiques et nationalistes. L'émergence rapide de la classe ouvrière, les nouvelles conditions de travail – notamment le travail des enfants –, la montée des idées socialistes ; la vague d'attentats anarchistes constituaient le quotidien de cette société en ébullition – et en forte croissance. Les auteurs à la mode sont Proudhon, Marx. La « question sociale » vient naturellement au centre des débats de la société, en Europe comme aux États-Unis (massacre de Haymarket Square à Chicago, le 4 mai 1886).

C'est dans ce contexte que l'Église articula ses propositions sociales : dénonçant de manière égale les excès du capitalisme et le caractère inhumain du socialisme athée et collectiviste incitant à la haine des « possédants », elle introduisit la notion de troisième voie, afin de rechercher une « solution conforme à la vérité et l'équité ». Si elle soutint fermement le droit à la propriété privée, elle condamna tout aussi fermement la concentration des richesses et des pouvoirs, qui « impose un joug presque servile à l'infinie multitude des prolétaires »[1].

À chaque époque de grande mutation sociale comme celle que nous vivons aujourd'hui, l'Église a toujours proposé des grandes analyses de ces transformations sociales. Elle fournit des éléments de réponse, puisés d'abord dans les textes sacrés,

1. *Rerum Novarum*, 1.

ensuite dans la réalité concrète de l'époque où elle se situe. Ainsi, au XXe siècle, elle le fera le 15 mai 1931, après la Première Guerre mondiale, la révolution bolchevique en Russie, la Grande Dépression américaine et leurs conséquences sur l'Europe. L'encyclique de Pie XI, *Quadragesimo anno* (pour les quarante ans de *Rerum novarum*), fortifiera le droit de propriété, clarifiera les relations entre le capital et le travail, et appellera au « relèvement du prolétariat ». Elle proposera d'asseoir un ordre social nouveau, notamment sur le « principe de subsidiarité » : faire confiance aux autorités exerçant localement leur pouvoir ; se méfier des Léviathans et des superstructures. Se méfier aussi des corporatismes – ceux qui ont permis l'arrivée des fascistes de Mussolini au pouvoir en Italie, quelques années plus tôt.

Un peu plus de trente ans plus tard, Paul VI promulgue en 1965 la constitution pastorale *Gaudium et Spes* (*La joie et les espoirs*) rédigée par le concile Vatican II. Elle vient fortifier la doctrine sociale de l'Église, au moment où cette dernière ouvre grand ses portes au monde moderne. Un monde à nouveau en mutation économique, politique et sociale rapide, avec l'explosion de la société de consommation et la recherche permanente de la « troisième voie », à un moment où l'affrontement entre le monde capitaliste et le monde collectiviste est à son paroxysme. *Gaudium et Spes* a été publiée en 1965, deux ans après la crise des missiles de Cuba.

Quatre principes cardinaux : dignité de la personne humaine ; bien commun ; subsidiarité et solidarité

Le texte de *Gaudium et Spes* a été repris sous forme d'un compendium en 2004, sous le pontificat de Jean-Paul II. Y sont énoncés les « principes permanents de la doctrine sociale de l'Église [qui] constituent les véritables fondements de l'enseignement social catholique : à savoir le principe de la dignité de la personne humaine [...], ceux du bien commun, de la subsidiarité et de la solidarité[1] ».

Pour comprendre les positions du pape François sur les affaires économiques d'un monde où dominent la technologie et l'argent, il faut s'arrêter un instant sur ***le principe de la dignité de la personne humaine***, « sur lequel reposent tous les autres principes et contenus de la doctrine sociale ». Cette dignité, qui confère ses droits à la personne humaine, vient du fait que « la personne humaine est une créature de Dieu... à l'image de Dieu ». On rappelle que « l'homme et la femme ont la même dignité et sont d'égale valeur ». Élément clé dans la future bataille, frontale, contre le totalitarisme transhumaniste, il est souligné que la personne humaine a « été créée par Dieu comme

1. Cette citation et les suivantes sont tirées du *Compendium de la doctrine sociale de l'Église* (2004, conseil pontifical Justice et Paix).

unité d'âme et de corps ». Vouloir dissocier l'âme ou l'esprit du corps, c'est sortir du champ de l'humanité. Comme, par exemple, greffer une intelligence artificielle à côté ou en supplément du corps biologique de l'être humain. Bill Gates, Stephen Hawking et Elon Musk, entre autres, ne s'y sont pas trompés.

Unité du corps et de l'esprit ; unité de l'histoire d'une personne humaine, aussi. Le bébé, l'enfant, l'adolescent, l'adulte, le vieillard, sont une seule et même personne. Une personne « unique et inimitable », qui est à la fois « un être matériel, lié à ce monde par son corps, et un être spirituel, ouvert à la transcendance ». Compartimenter ; segmenter ; refuser la vie matérielle comme empêcher l'ouverture à la transcendance, c'est aliéner les êtres humains. De même, « la personne ne peut pas être finalisée à des projets de caractère économique, social et politique imposés par quelque autorité que ce soit ». Il faut donc « que les autorités publiques veillent attentivement à ce que toute restriction de la liberté ne lèse jamais la dignité de la personne ». Les dictatures socialistes, mercantilistes ou transhumanistes repasseront.

C'est ce principe même de la dignité de la personne humaine qui lui confère ses droits – les droits de l'homme. Dans le champ économique, la doctrine sociale de l'Église n'hésite pas à détailler ces droits dans le chapitre 6 (« Le travail humain »), section V (« Les droits des travailleurs ») : « le droit à une juste rémunération ; le droit au repos ; le droit à des lieux et méthodes de travail qui ne portent pas préjudice à la santé physique des travailleurs et qui ne blessent pas leur intégrité morale [...] ; le droit à des subventions convenables et indispensables pour la subsistance des travailleurs au chômage et de leurs familles ; le droit à la retraite [...], à l'assurance vieillesse, l'assurance-maladie ».

Sans doute cette doctrine n'a-t-elle pas anticipé, à l'époque, les « abus de droits » qui pouvaient découler de cette prescription. Des abus qui ont ruiné et appauvrissent un grand nombre de pays aujourd'hui, en Europe (Grèce, France, Italie) et en Amérique du Sud (Argentine, Venezuela) notamment. Ces situations exceptionnelles et lamentables mises de côté, la réalité de la dynamique économique mondiale, avec la résurgence de nouvelles formes d'esclavagisme et de trafic humain[1], redonne toute leur pertinence à ces recommandations.

Plus important encore que cette série de droits que confère la dignité de la personne humaine, la doctrine sociale souligne plusieurs principes découlant de cette dignité :

1. L'Organisation internationale du travail a recensé 21 millions d'esclaves dans le monde (« travailleurs forcés »). La majorité sont des femmes et des filles. 4,5 millions de ces personnes sont des esclaves sexuels (« *forced sexual exploitation* »).

– *Le bien commun* : « De la dignité, de l'unité et de l'égalité de toutes les personnes découle avant tout le principe du bien commun, auquel tout aspect de la vie sociale doit se référer pour trouver une plénitude de sens. [...] Le bien commun ne consiste pas dans la simple somme des biens particuliers de chaque sujet du corps social. Étant à tous et à chacun, il est et demeure commun, car indivisible et parce qu'il n'est possible qu'ensemble de l'atteindre, de l'accroître et de le conserver, notamment en vue de l'avenir. »

L'intérêt général, ce n'est pas la somme des intérêts particuliers, dont le tout produirait, comme par magie – ce qu'Adam Smith appelle la « main invisible du marché » –, un équilibre parfait. Cette définition du bien commun chagrine beaucoup les partisans de la réduction à leur portion la plus congrue du rôle des États, régulateurs et puissances publiques en charge de la collectivité – un autre mot abhorré. Elle contient, en germe, la nécessité, justement, de l'existence de telles structures agissant dans cet objectif. Et donc la nécessité de les financer par un impôt juste et proportionné. La nécessité d'avoir des « autorités publiques » qui assurent la mise en œuvre du bien commun est d'ailleurs explicitement indiquée dans *Gaudium et Spes*[1].

1. (Chapitre IV, « La vie de la communauté politique », § 73-75 : une « autorité publique » est nécessaire comme arbitre et comme gestionnaire du bien commun ; mais à condition qu'elle

En même temps que la doctrine sociale légitime les États et les organisations publiques comme les acteurs clés de la mise en œuvre du bien commun, elle prend soin d'y appliquer une limite très efficace : celle du principe de subsidiarité. L'État, d'accord ; le Léviathan impotent à force de se mêler de tout, non merci ! C'est d'abord la responsabilité individuelle, l'action locale à l'échelon local qui doit primer. Les papes, les cardinaux, ne décident pas des affaires de la paroisse : c'est au curé de le faire. De la même façon, chacun doit exercer sa responsabilité là où il est et ne pas s'en remettre systématiquement à l'étage du dessus – ce serait trop facile. Et dangereux. Il faut « protéger les personnes des abus des instances sociales supérieures » : voilà un des meilleurs garde-fous contre les totalitarismes et les collectivismes[1].

– De ce bien commun, « appartenant à tous les hommes et à tout l'homme », découle ***la destination universelle des biens.*** « Dieu a destiné la Terre et tout ce qu'elle contient à l'usage de tous les hommes et de tous les peuples, en sorte que les

---

protège les droits des personnes et s'exerce « dans les limites de l'ordre moral » (source Ceras, Christian Mellon s.j.).

1. « L'expérience atteste que la négation de la subsidiarité ou sa limitation au nom d'une prétendue démocratisation ou égalité de tous dans la société, limite et parfois même annule l'esprit de liberté et d'initiative. » *Compendium de la doctrine sociale de l'Église*, *op. cit.*, § 187.

biens de la création doivent équitablement affluer entre les mains de tous, selon la règle de la justice, inséparable de la charité. » Ce principe de destination universelle des biens est même prépondérant au principe de la propriété privée. Quels biens seraient concernés ? D'abord les biens de la Création : l'eau que l'on boit, l'air que l'on respire, la terre, la mer, sont ces biens à « destination universelle ». Est-ce que les réseaux numériques, Internet, désormais vitaux pour le développement de tous les hommes et de tout l'homme, ne doivent pas être perçus comme de tels biens communs et donc organisés, non pas au profit de quelques États ou entreprises, mais au profit de tous ?

Ce sera probablement l'un des grands enjeux des prochaines années : face à la dérive actuelle d'une privatisation excessive de ce bien commun qu'est Internet – et aux abus de position dominante des plateformes leaders, notamment à l'encontre des libertés individuelles –, comment transformer cette industrie féodalisée – où les souverainetés sont en concurrence sinon en guerre entre elles – en un bien destiné à tous ? Et pour le profit de tous.

– Vient enfin, comme une pierre angulaire, *l'option préférentielle pour les pauvres* : « Le principe de la destination universelle des biens requiert d'accorder une sollicitude particulière aux pauvres, à ceux qui se trouvent dans des situations de marginalité et, en tout cas, aux personnes dont les conditions de vie entravent une croissance appropriée. » La croissance dont il est ici question étant celle des êtres humains, leur bon développement. Pas la croissance du PIB.

L'ANTIDOTE AUX DÉSORDRES ÉCONOMIQUES DU XXIe SIÈCLE

C'est dans cette lignée-là qu'il faut lire et comprendre ce qu'exprime le pape François sur les affaires économiques. Son exhortation apostolique, *Evangelii Gaudium*, puis son encyclique *Laudato Si* sur l'environnement, s'inscrivent pleinement dans la dynamique de ces précédents textes, et de leurs contextes : ceux des bouleversements technologiques, économiques et sociaux majeurs. Tellement majeurs qu'ils appellent une réponse d'ordre politique.

Or que dit « la joie de l'Évangile » à propos des bouleversements en cours dans nos sociétés ? Elle énonce des idées simples et fortes, qui invitent à l'action. Après tout, il s'agit bien d'une « exhortation » apostolique.

Il y a d'abord urgence à agir, parce que « le grand risque du monde d'aujourd'hui, avec son offre de consommation multiple et écrasante, est une tristesse individualiste qui vient du cœur bien installé et avare, de la recherche malade de plaisirs superficiels, de la conscience isolée. Quand la vie intérieure se ferme sur ses propres intérêts, il n'y a plus de place pour les autres, les pauvres n'entrent plus[1] ».

Les pauvres n'entrent plus : ils sortent de notre monde. En Espagne, pays dont on célèbre ces jours-ci le retour à la croissance, ce sont des centaines de personnes qui doivent abandonner leur logement chaque jour[2]. Au moment même où la spéculation immobilière repart, notamment à Marbella, Madrid et Barcelone[3].

Alors, comment faire ? Passé le premier chapitre, qui concerne l'Église, le pape se penche sur « quelques défis du monde actuel ».

« L'humanité vit en ce moment un tournant historique que nous pouvons voir dans les progrès qui se produisent dans différents domaines. On doit louer les succès qui contribuent au bien-être des personnes, par exemple dans le cadre de la santé, de l'éducation et de la communication. »

La révolution numérique apporte de très bonnes choses, en effet. Mais « nous ne pouvons cependant pas oublier que la plus grande partie des hommes et des femmes de notre temps vivent une précarité quotidienne, aux conséquences funestes. Certaines pathologies augmentent. La crainte et la

1. *Evangelii Gaudium*, § 2.
2. 184 expulsions exécutées par jour en 2013, 95 en 2014, selon le Conseil général du pouvoir judiciaire.
3. Source Diana Morales Properties, Knight Frank, rapport de mai 2015.

désespérance s'emparent du cœur de nombreuses personnes, jusque dans les pays dits riches. Fréquemment, la joie de vivre s'éteint, le manque de respect et la violence augmentent, la disparité sociale devient toujours plus évidente. Il faut lutter pour vivre et, souvent, pour vivre avec peu de dignité[1] ».

Comment agir, concrètement, face à cette nouvelle dynamique économique, technologique et sociale ? La réponse est d'abord l'expression d'un refus, d'une résistance. Un « *No pasarán* » : on ne passe plus, parce que l'on touche désormais à quelque chose de sacré.

Les esprits forts moquent souvent, en particulier dans l'Europe sécularisée, les chrétiens « béni-oui-oui », disant « amen » à tout, un peu faibles et gentils. Eh bien, dans le monde économique de 2015, être chrétien, c'est d'abord dire non. Quatre fois non :

– **Non à une économie de l'exclusion**, favorisée par une « culture du déchet » : rappelant que « le commandement de "ne pas tuer" pose une limite claire pour assurer la valeur de la vie humaine », le pape François affirme qu'« une telle économie tue. Il n'est pas possible que le fait qu'une personne âgée, réduite à vivre dans la rue, meure de froid ne soit pas une nouvelle, tandis que la baisse de deux points en Bourse en est une[2] ».

1. *Evangelii Gaudium*, § 52.
2. *Evangelii Gaudium*, § 53.

Et pour les « béni-oui-oui », naïfs et cyniques inclus, vantant les bienfaits d'un capitalisme où l'argent « ruissellerait » naturellement du haut vers le bas (la théorie du *trickle down*, rappelons-le), on les invitera à recopier dix fois ce qui suit : « Certains défendent encore les théories de la “rechute favorable”, qui supposent que chaque croissance économique, favorisée par le libre marché, réussit à produire en soi une plus grande équité et inclusion sociale dans le monde. Cette opinion, qui n'a jamais été confirmée par les faits, exprime une confiance grossière et naïve dans la bonté de ceux qui détiennent le pouvoir économique et dans les mécanismes sacralisés du système économique dominant. En même temps, les exclus continuent à attendre[1]. »

Ce « pape qui dit non » n'est pas plus tendre avec la nouvelle idolâtrie de l'argent :

– « **Non à la nouvelle idolâtrie de l'argent** [dont] nous acceptons paisiblement [la] prédominance sur nous et sur nos sociétés. La crise financière que nous traversons nous fait oublier qu'elle a à son origine une crise anthropologique profonde : la négation du primat de l'être humain ! Nous avons créé de nouvelles idoles. L'adoration de l'antique Veau d'or (*cf.* Ex 32,1-35) a trouvé une nouvelle et impitoyable version dans le fétichisme de l'argent[2]. »

---

1. *Evangelii Gaudium*, § 54.
2. *Evangelii Gaudium*, § 55.

La messe est-elle dite ? Pas tout à fait. Car l'« idolâtrie de l'argent » a ses soutiers, ses complices, ses agents, qui « nient le droit de contrôle des États chargés de veiller à la préservation du bien commun. Une nouvelle tyrannie invisible s'instaure, parfois virtuelle, qui impose ses lois et ses règles, de façon unilatérale et implacable. [...] S'ajoutent à tout cela une corruption ramifiée et une évasion fiscale égoïste qui ont atteint des dimensions mondiales[1] ». Et ce, au nom d'« idéologies qui défendent l'autonomie absolue des marchés et la spéculation financière. [...] Dans ce système, qui tend à tout phagocyter dans le but d'accroître les bénéfices, tout ce qui est fragile, comme l'environnement, reste sans défense face aux intérêts du marché divinisé, transformés en règle absolue[2] ».

Il faut donc dire « **Non à l'argent qui gouverne au lieu de servir** ».

Et le pape de conclure cette tirade des « non » avec une exhortation qui est aussi un signal d'alarme sur le niveau de tensions dans la société mondiale – aucun pays, riche ou pauvre, n'étant épargné :

– « **Non à la disparité sociale qui engendre la violence.** » « De nos jours, de toute part on demande une plus grande sécurité. Mais, tant que ne s'éliminent pas l'exclusion sociale et la disparité sociale, dans

1. *Evangelii Gaudium*, § 56.
2. *Ibid.*

la société et entre les divers peuples, il sera impossible d'éradiquer la violence. On accuse les pauvres et les populations les plus pauvres de la violence, mais, sans égalité de chances, les différentes formes d'agression et de guerre trouveront un terrain fertile qui tôt ou tard provoquera l'explosion. Quand la société – locale, nationale ou mondiale – abandonne dans la périphérie une partie d'elle-même, il n'y a ni programmes politiques ni forces de l'ordre ou d'intelligence qui puissent assurer sans fin la tranquillité[1]. »

Au moins, nous sommes prévenus. Toutes les actions politiques sont vaines, en particulier celles qui viseraient à réaffirmer toujours les apparences de l'ordre public – surveillance policière renforcée de nos vies, relèvement des frontières et barrières à l'intérieur des sociétés humaines –, si nous ne traitons pas le mal à la racine. Car il s'agit bien d'une caractéristique structurelle, et non conjoncturelle, de nos sociétés, qu'il faut transformer en profondeur. « Cela n'arrive pas seulement parce que la disparité sociale provoque la réaction violente de ceux qui sont exclus du système, mais aussi parce que le système social et économique est injuste à sa racine[2]. »

Quelle est la solution ? S'adonner davantage à la consommation, ce nouvel opium du peuple ?

1. *Evangelii Gaudium*, § 59.
2. *Ibid.*

Alors que « l'esprit de consommation effréné, uni à la disparité sociale, dégrade doublement le tissu social[1] » ? Alors que cette soif de consommation pille les ressources de la Terre et notre environnement, avec ses conséquences désormais avérées sur le climat, l'extinction des espèces, et la pollution de nos biens communs les plus vitaux – l'air, l'eau, la terre et ses habitants ?

L'encyclique *Laudato Si*, publiée fin mai 2015 en vue de peser sur la conférence pour le climat à Paris en décembre 2015, apporte une réponse vigoureuse à cette question. La croissance pour les pays pauvres qui en ont besoin, oui ; mais pas n'importe quelle croissance, et certainement pas une croissance fondée sur la surconsommation, qui entraîne le pillage de notre petite planète.

Ce texte majeur, destiné « à chaque personne qui habite cette planète », et non aux seuls chrétiens, a rencontré un écho mondial. Prônant une « écologie humaine », dénonçant l'injustice de la destruction de l'environnement, que les plus pauvres subissent de façon disproportionnée, cette encyclique était tout entière contenue dans le texte précédent, *Evangelii Gaudium*. Il convient en effet d'entendre « aussi bien le cri de la terre que celui des hommes », en particulier les exclus, « qui représentent la majorité de la planète ».

---

1. *Evangelii Gaudium*, § 60.

À la publication de ce texte, quelques esprits étroits, ou partisans, ont cherché à faire de ce « pape vert » un pape rouge. Ils y liront, à leur grand désarroi, que le pape François met le communisme sur le même plan que le nazisme : à savoir un de ces « régimes totalitaires au service de l'extermination de millions de personnes »[1].

Si le communisme, comme sa version originale le socialisme, n'est pas la solution, et que la croissance « infinie ou illimitée »[2], sans autre règle que l'accumulation de profits et le chacun-pour-soi, est un leurre, alors que faire ?

La solution serait-elle dans la décroissance pour tous, *urbi et orbi* ? La mise en jachère de toute activité économique ou de tout progrès scientifique ?

Que signifieraient de telles sociétés humaines, au ciel fermé, qui ne voudraient plus faire de place aux autres, ni même à l'avenir ?

Il doit y avoir une solution plus enthousiasmante. Et plus efficace.

---

1. *Laudato Si*, § 104.

2. Cette croissance, « qui a enthousiasmé beaucoup d'économistes, de financiers et de technologues [...] suppose le mensonge de la disponibilité infinie des biens de la planète, qui conduit à la "presser" jusqu'aux limites et même au-delà des limites. » *Laudato Si*, § 106.

IV

Organiser un Bretton Woods des sociétés civiles et religieuses

> « Plus que la peur de se tromper, j'espère que nous anime la peur de nous renfermer dans les structures qui nous donnent une fausse protection, dans les normes qui nous transforment en juges implacables, dans les habitudes où nous nous sentons tranquilles, alors que, dehors, il y a une multitude affamée, et Jésus qui nous répète sans arrêt : "Donnez-leur vous-mêmes à manger." (Marc, 6,37). »
> *Evangelii Gaudium*, § 49

Et maintenant, que faire ? Une réforme financière !

Comment, concrètement, les responsables économiques et politiques peuvent-ils agir pour répondre à ces exhortations visant à ré-humaniser nos économies et nos sociétés ; à remettre au centre de nos vies la dignité humaine, le respect de la Création et à reléguer l'argent et la technologie au rang des accessoires utiles ? Le pape François a une idée, assez inattendue : une réforme financière !

Mais pas n'importe laquelle : une réforme financière « qui n'ignore pas l'éthique ». Au travail, mesdames et messieurs les financiers ! Et, plutôt que de faire du monde de la finance son ennemi ou son « adversaire », à l'instar d'un autre François[1], il veut le mobiliser. En faire un partenaire efficace. Il n'a rien contre les financiers.

Au contraire, « le pape aime tout le monde, riches et pauvres, mais il a le devoir, au nom du Christ, de rappeler que les riches doivent aider les pauvres, les respecter et les promouvoir[2] ».

D'où une exhortation finale « à la solidarité désintéressée et à un retour de l'économie et de la finance à une éthique en faveur de l'être humain[3] ». Comment y répondre, concrètement ?

D'abord, en cessant de se moquer du terme et de la réalité de l'« éthique », qui paraît un concept bien usé – et peut-être moins glamour ou sonore que celui de révolution. Il ne s'agit pas de renverser

1. François Hollande, discours de campagne présidentielle du 22 janvier 2012.
2. *Evangelii Gaudium*, § 58.
3. *Ibid.*

la table, de faire table rase du passé, mais d'être efficace, et ambitieux au-delà des slogans.

« Habituellement, on regarde l'éthique avec un certain mépris narquois. On la considère contre-productive, trop humaine, parce qu'elle relativise l'argent et le pouvoir. On la perçoit comme une menace, puisqu'elle condamne la manipulation et la dégradation de la personne. En définitive, l'éthique renvoie à un Dieu qui attend une réponse exigeante, qui se situe hors des catégories du marché[1]. »

Pour répondre à un tel défi, il faut éviter deux écueils, qui sont des tentations : le donquichottisme, et l'idéalisme.

Deux écueils à éviter : donquichottisme et idéalisme

La tentation du donquichottisme ? Refuser le monde tel qu'il est. Se battre frontalement contre des Géants – qui ne sont que des moulins à vent, nos propres créatures. « Puisque le mur de l'argent existe, et triomphe aujourd'hui, allons le fracasser d'un coup de tête. Ou tournons-lui le dos. »

Le résultat est assez pitoyable à voir. Le monde de l'argent n'est pas tendre avec ceux qui se mettent en travers de son chemin. Nous avons aujourd'hui

1. *Evangelii Gaudium*, § 57.

un exemple sous nos yeux : celui du gouvernement grec d'Alexis Tsipras, qui, héritant des dérives et ardoises des gouvernements passés, incompétents et/ou corrompus, veut sauver son pays de la faillite et du fascisme renaissant. Mais pour ce faire, il a pris le parti compliqué de tricher, et de maltraiter voire d'insulter ses créanciers. Ces derniers, avec des conséquences que nous paierons probablement au prix fort un jour, n'hésitent pas à humilier ce gouvernement et son peuple, pour leur rappeler la priorité des priorités : rembourser les dettes jusqu'au dernier centime, même si ces grands argentiers savent pertinemment que cet objectif est inaccessible. Et leurs méthodes pour y arriver, suicidaires[1].

Le monde de l'argent n'est pas tendre non plus avec les entreprises politiques qui viseraient à réduire son emprise. Aux États-Unis, quel politicien oserait aujourd'hui, à l'image du plus grand président des États-Unis au XXe siècle, Franklin Delano Roosevelt, faire campagne contre les « *money changers* » ? Ou déclarer crânement, pour ce fils de famille fortuné : « *I welcome their hatred*[2] », en parlant de son milieu au moment où les ploutocrates de l'époque voulaient continuer à

1. La dette publique grecque représentait 175 % de son PIB en mai 2015 ; contre 100 % en 2008, avant la crise et l'intervention du FMI.

2. Discours de 1936, au Madison Square Garden de New York.

laisser faire le marché, et ne rien entreprendre face à la montée du chômage, du fascisme et du communisme, dans le monde entier, États-Unis inclus. Pour faire campagne, aux États-Unis comme ailleurs, il faut de l'argent. Beaucoup d'argent. Que l'on emprunte les circuits officiels (*fund-raising* dans le monde anglo-saxon) ou officieux (financements occultes dans les pays latins et du Sud), la dépendance est au fond la même.

Idem pour la révolution technologique : on pourrait, avec panache, se dresser contre les géants du numérique. Que l'on soit citoyen, politique, chef d'entreprise, la tentation est grande de dénoncer le scandale – réel – de l'emprise de ces plateformes sur nos vies privées, nos informations les plus essentielles et les plus confidentielles. De stigmatiser le travestissement de la vérité, les manipulations réelles de l'information communiquée par le principal moteur de recherche mondial[1]. Et de dire « non ». Rejeter Google, Airbnb, Facebook, Alibaba, Uber, Amazon. Et rejeter avec eux tout ce qu'ils offrent. Mais qui veut vraiment revenir au « monde d'avant » : celui de l'*Encyclopædia*

1. Selon votre situation géographique, et votre historique de recherche, Google fournira des réponses totalement différentes à votre recherche. Faites le test en temps réel avec un de vos correspondants dans un autre pays ou simplement une ville différente de la vôtre.

Universalis, des monopoles des taxis et de la vente sur catalogue par correspondance ?

Mathias Döpfner, le P-DG d'Axel Springer, plus puissant groupe de médias et d'édition de la quatrième économie mondiale, l'Allemagne, n'est pas un don Quichotte. Portant avec lui une puissance de feu considérable en termes de lobbying politique, et de poids économique, il a chargé sabre au clair contre les pratiques prédatrices et déloyales de Google[1], en demandant à ce groupe de payer pour les contenus que ce dernier pillait allègrement sur les sites du groupe Springer. La réponse de Google fut de ne plus mentionner les résultats de recherche des noms des principaux sites d'Axel Springer (Welt.de, Computerbild.de, Sportbild.de et Autobild.de). En quinze jours leur trafic a chuté de près de 40 %. La démonstration était faite que Google avait droit de vie ou de mort commerciale pour les produits d'un des groupes les plus puissants de la quatrième économie la plus puissante au monde. En moins d'un mois[2], Axel Springer capitula.

1. Voir notamment sa lettre ouverte à Eric Schmidt, « Why we fear Google », du 17 avril 2014.

2. Du 9 octobre au 5 novembre 2014.

L'autre écueil à éviter : l'idéalisme bureaucratique

de Guiche [...] : ... Avez-vous lu Don Quichot *?*
cyrano : Je l'ai lu.
Et me découvre au nom de cet hurluberlu.
de guiche : Veuillez donc méditer alors... [...] Sur le chapitre des moulins ! [...] Car, lorsqu'on les attaque, il arrive souvent... [...] Qu'un moulinet de leurs grands bras chargés de toiles/Vous lance dans la boue !...
cyrano : Ou bien dans les étoiles[1].

L'autre facette du donquichottisme, c'est l'idéalisme. La quête de l'utopie, de la cité universelle idéale. Ce domaine est celui des solutions parfaitement conceptualisées et imaginées pour venir à bout des problèmes du temps présent.

Si l'on explore cette veine-là, elle débouche immanquablement vers une solution évidente, nécessaire et irréalisable avant plusieurs générations : la constitution d'une autorité mondiale transcendant les intérêts étroitement nationaux et les lobbies privés.

Qu'il s'agisse de la protection de l'environnement et de l'enjeu pressant du climat, de la régulation de

1. Edmond Rostand, *Cyrano de Bergerac*, acte II, scène 7, extrait.

la finance comme des plateformes numériques, de la lutte contre la pauvreté ou la corruption internationale, seule une autorité capable de transcender les frontières, ayant des pouvoirs normatifs, de réglementation mais aussi de police, peut venir à bout des fléaux de notre temps.

Ce qui nous renvoie à la modestie des résultats concrets des organisations actuelles, nées au siècle dernier. L'ONU, la Banque mondiale, le FMI, l'Organisation mondiale du commerce, le Bureau international du travail, sont dotés de ressources réglementaires, humaines et financières massives. Plus récemment, les conférences mondiales pour l'environnement et le climat (Rio, Copenhague, bientôt Paris), comme le G20 pour les questions financières, produisent des normes, expertises et recommandations aussi complètes et bien pensées que rarement suivies d'effets concrets et de résultats efficaces. Qui lit encore aujourd'hui les communiqués de presse du G20 ?

Sans ouvrir la boîte de Pandore de la légitimité de ces institutions occidentales du XXe siècle – qui ont du mal à faire de la place aux puissances émergées du XXIe siècle (Inde, Amérique latine, Asie du Sud-Est, Afrique, Moyen-Orient, monde musulman), constatons simplement que cet idéalisme-là, celui des grandes bureaucraties mondiales dotées des meilleures intentions et souvent des meilleures ressources humaines, est hélas peu opérant pour affronter les défis actuels.

Au contraire, la compétition que peuvent se livrer ces bureaucraties entre elles, et vis-à-vis des nouvelles organisations régionales (Asian Infrastructure Investment Bank, Union européenne, organisations africaines, banque des BRICS, etc.), crée de nouvelles sources de frottements et de frictions, qu'exploitent avec efficacité les acteurs voulant passer à travers les mailles du filet.

La contribution de ces grandes institutions n'est pas inutile, loin de là, pour améliorer ou empêcher les déséquilibres économiques mondiaux d'empirer. Bien des pays se seraient effondrés davantage qu'ils ne l'ont fait sans les ressources de la Banque mondiale, par exemple. Mais – le principe de subsidiarité nous y invite – on ne peut pas tout attendre de ces organisations, elles-mêmes faillibles et limitées. À témoin, la reconnaissance officielle en 2013 par le FMI de son erreur d'appréciation sur la politique d'austérité qu'il fit subir à la Grèce – une politique qui aggrava les difficultés de ce pays surendetté[1].

Il faut faire davantage confiance aux acteurs au plus près de la réalité du terrain économique

1. À deux reprises, en janvier 2013 (rapport « Growth Forecast Errors and Fiscal Multipliers »), et en juin 2013 (rapport « Ex Post Evaluation of Exceptional Access Under the 2010 Stand-By Arrangement »).

et financier. Non pas espérer le *trickle down*, mais mettre en œuvre le… « *trickle up* » : créer la richesse et les comportements vertueux sur le terrain, au bon endroit, pour que l'ensemble en bénéficie. Faire davantage confiance aux opérateurs du terrain : entreprises, associations, communautés, autorités locales. Ce renversement est probablement une caractéristique durable du XXIe siècle, qu'encouragent d'ailleurs les nouvelles technologies. Aujourd'hui, qu'il s'agisse des réussites économiques ou même politiques (voir les succès des mouvements Podemos et Ciudadanos en Espagne), le public se méfie, d'expérience, des grandes structures voulant imposer leur modèle à tous. La culture de la start-up, qui triomphe à l'heure actuelle, c'est la culture de la subsidiarité. Avant d'être un monopole qu'il faudra vraisemblablement découper en morceaux, Google était une start-up, pas une division d'IBM.

Entre le donquichottisme – refuser le monde tel qu'il est – et l'idéalisme bureaucratique – construire le monde à partir de comités institutionnels, du haut vers le bas –, il existe bien une troisième voie : agir sur le réel, en injectant de la conscience au bon endroit. Pour y arriver, nous avons à notre disposition un levier évident : la finance privée internationale. À condition qu'elle devienne enfin, concrètement, et en puisant aux meilleures sources, une finance éthique.

Un levier à actionner enfin : la finance éthique

L'expression « finance éthique » ressemble de loin à un oxymore. À l'instar des « conservateurs compassionnels » de George W. Bush. Comme si la finance, cet « ensemble de ceux qui ont de grosses affaires d'argent[1] », pouvait s'accommoder facilement avec « ce qui concerne la morale[2] ».

L'assemblage paraît baroque. L'autre expression qui désigne la finance éthique, c'est « l'investissement socialement responsable » (ISR), qui consiste à « intégrer des critères extra-financiers (éthiques, solidaires, environnementaux et de gouvernance) dans les décisions de placements et la gestion de portefeuilles[3] ». Ces labels (SRI en anglais) font florès et ces concepts abondent dans les communications institutionnelles et financières des entreprises comme des sociétés financières, cherchant à mettre en avant leur souci de l'intérêt général. L'ISR est devenu un outil de marketing incontournable.

Mais, curieusement, les objectifs qu'il s'assigne restent comme à la périphérie du sujet principal, qui est la place des êtres humains dans l'économie du XXIe siècle. Comme s'il y avait une pudeur, ou une gêne, à affirmer son option préférentielle pour

1. *Le Petit Robert*, 1970.
2. *Ibid.*
3. Source Novethic.

les êtres humains – leur bon traitement par l'entreprise et les investisseurs. Alors, l'ISR se consacre largement à des sujets non polémiques, d'autant plus consensuels qu'ils sont vastes et concernent la « banlieue » de la communauté humaine : environnement, diversité, « *green investing* », protection des animaux, etc.

Les professionnels du marketing de l'investissement socialement responsable affichent des progressions fulgurantes pour cette industrie, qui aura décuplé sa force de frappe en vingt ans, passant de 639 milliards de dollars d'actifs gérés de façon « socialement responsable » à plus de 6 500 milliards de dollars en 2014[1] pour le seul marché américain.

L'économie américaine serait-elle pour autant devenue vingt fois plus « socialement responsable » sur la même période ?

On aurait tort de moquer trop vite ce concept : il est encore tout récent, et continue de chercher ses marques. Probablement parce que, en effet, il s'est excessivement concentré sur les sujets périphériques au lieu d'aller à l'essentiel.

Lorsque l'on regarde objectivement la puissance de feu de l'industrie financière dite de « gestion d'actifs » – celle qui place votre épargne –, nous nous retrouvons face à des masses critiques à la

1. Source US SIF, 5e conférence annuelle, 4-6 mai 2015, Chicago.

hauteur des enjeux de l'économie mondiale. Les 500 premiers investisseurs mondiaux gèrent plus de 68 000 milliards de dollars[1] : à peu près la richesse annuelle de la planète. Devant cette puissance de feu, la plupart des décideurs économiques mondiaux – chefs d'entreprise, ministres des Finances d'États cherchant à lever de la dette sur les marchés de capitaux – s'inclinent. Littéralement. Ils viennent rendre des comptes à ces investisseurs, dont les décisions déterminent la mesure de leur succès à travers la valorisation de leurs actions. Ainsi, le dirigeant d'un groupe coté, dont la rémunération est souvent largement fonction de son cours de Bourse, a un intérêt direct à attirer dans son capital ces grands investisseurs mondiaux – qui, instinct grégaire des financiers oblige, font venir les autres firmes, plus petites. De même, un ministre des Finances travaillera d'autant mieux pour son pays qu'il réussira à convaincre les grands investisseurs obligataires de la qualité de sa politique économique – permettant ainsi, dans un environnement « normal », non pollué par les banques centrales, de faire baisser ses taux d'intérêt.

Le moment est venu de faire de ce levier puissant un vrai outil de transformation de l'économie

1. Source Towers Watson, « The World's 500 largest asset managers », rapport établi sur la base de chiffres de 2012. Compte tenu de la très forte croissance des marchés financiers depuis, le montant géré est aujourd'hui encore supérieur.

mondiale. Imaginons, plutôt qu'un G20 des États et organisations mondiales, que se tienne un G20 des principaux investisseurs mondiaux, ainsi que des grands acteurs de l'économie et de la société civile, non gouvernementale. Une sorte de conférence de Bretton Woods au XXIe siècle, qui se donnerait un objectif précis : produire de nouveaux critères d'investissements financiers, susceptibles, pour reprendre l'exhortation papale, d'encourager la « solidarité désintéressée », d'aboutir « à un retour de l'économie et de la finance à une éthique en faveur de l'être humain ».

Au fond, plutôt que des normes qui viendraient d'« en haut », il s'agit de produire des recommandations de « *best practices* » des professionnels de l'investissement. À charge pour eux de s'y tenir. Seraient exclues du club, ou seraient « blacklistées », celles des institutions qui refuseraient d'adhérer à cet objectif commun. Or, dans ces métiers où l'on se surveille de près et où la force d'une marque tient au moins autant à ses valeurs affichées qu'à ses performances réelles, les logiques de « *naming and shaming* » sont particulièrement efficaces.

Une telle conférence, inédite[1], pourrait aboutir à la signature d'une charte, qui énoncerait ces nou-

1. La Banque mondiale a pu amorcer des travaux de ce type lors d'une réunion privée en février 2015. Le 24 septembre 2013, la Chambre des lords britannique accueillait une conférence sur la

velles « obligations », définies par les professionnels eux-mêmes, et mutuellement consenties.

Il faut imaginer le résultat concret de la mise en œuvre de telles recommandations : l'allocation, chaque année, de dizaines de milliers de milliards de dollars d'investissements « au bon endroit » pour nos économies et nos sociétés humaines.

Cette conférence se ferait vraisemblablement en deux étapes. La première étape serait bien celle du volontariat, des recommandations que se proposerait à elle-même la société civile des entreprises et investisseurs mondiaux, s'inspirant des meilleures sources, non gouvernementales (voir pages suivantes). La deuxième étape de cette conférence, que l'occurrence d'une crise mondiale majeure rendrait inéluctable, serait celle de l'imposition de nouvelles normes économiques et financières par les États eux-mêmes. À l'instar de la conférence de Bretton Woods de 1944, qui n'a pu se tenir qu'après un cataclysme mondial. Dans cette hypothèse radicale, d'autres sujets seraient mis sur la table, à commencer par la réécriture d'un système monétaire mondial, maintenu artificiellement en vie mais épuisé par les rounds successifs de création monétaire (*quantitative easing*) de ces dernières années.

---

finance éthique interreligieuse, sponsorisée par l'Islamic Finance Council, et ouverte par l'archevêque de Canterbury.

Mais en attendant, concentrons-nous sur la première étape : celle du volontariat.

Si je tenais l'agenda : mes priorités

Un des enjeux de cette conférence sera de définir des priorités d'action, sur lesquelles les investisseurs mondiaux pourront se mettre d'accord. Or les sujets ne manquent pas ! Si je devais tenir l'ordre du jour, j'identifierais au moins deux priorités, proposées comme des articles pour cette charte :

– *Article 1 : « Les signataires de la charte s'interdisent d'investir dans une entreprise utilisant des paradis fiscaux. »*

La corruption coûte entre 1 000 milliards de dollars (pots-de-vin, « *bribes* » estimés par la Banque mondiale) et 2 600 milliards de dollars (selon l'OCDE) chaque année à l'économie mondiale. Mais la mise en coupe réglée de pays entiers a un coût bien supérieur à ces sommes : comment comptabiliser le « coût » des personnes intimidées, violentées, ou tout simplement assassinées du fait des circuits de corruption ?

Combien de gens, justement révoltés par ces pillages, ont basculé dans le terrorisme et le fanatisme, sous couvert de radicalisation religieuse, mais en vérité parce qu'ils se savent victimes de ces extorsions ? Ce mal du siècle n'est pas nouveau, mais comme le soulignent les travaux de 2006 du conseil pontifical Justice et Paix[1], il a pris une dimension mondiale. Les centaines de milliards détournés par divers kleptocrates et potentats africains, sud-américains, russes, moyen-orientaux notamment, montrent régulièrement à quel point les œuvres de corruption sont intimement liées à des intérêts nationaux. S'en remettre au bon vouloir des seuls États pour traiter ce cancer garantit donc l'échec. Laisser les juges nationaux négocier avec les diplomates et douaniers pour poursuivre leurs enquêtes à l'international assure de beaux jours au banditisme international, se jouant des frontières à coups de clics et de sociétés-écrans.

Pour lutter efficacement contre la corruption mondiale, il faut donc passer au-dessus des intérêts nationaux des différents États, et « neutraliser » les agents et vecteurs les plus efficaces de cette corruption : les paradis fiscaux, ces « trous noirs » du capitalisme mondial. Ces paradis fiscaux, dont la liste est connue et publique, permettent aux fortunes privées légitimes, et aux plus grandes entreprises, de côtoyer sans gêne et dans l'ombre de ces zones grises le grand banditisme, la prévarication des chefs d'État et les kleptocraties de trop nombreux pays.

1. Conférence « The fight against corruption » (« La lutte contre la corruption »), 2-3 juin 2006, Cité du Vatican.

Les chiffres du Tax Justice Network sont sans appel : d'après leur étude publiée en juin 2014, ce sont entre 21 000 et 32 000 milliards[1] de dollars que l'élite économique mondiale a cachés dans les paradis fiscaux. L'existence même des paradis fiscaux appauvrit donc les États du monde entier, contraints de maximiser la pression fiscale sur les « petits » – les citoyens et entreprises n'ayant pas les moyens d'avoir des comptes « offshore ».

Quel dirigeant de banque, de fonds d'investissement ou d'entreprise, ayant tant soit peu conscience de ses responsabilités collectives, pourrait accepter de domicilier encore aujourd'hui une seule de ses filiales dans les paradis fiscaux ? Il revient donc à leurs propres actionnaires, les grands gérants d'actifs mondiaux, d'abord de montrer l'exemple, et ensuite de leur imposer ce critère évident d'investissement humainement responsable ? Les États, hélas complices et, dans une large mesure, primo-responsables[2] de l'existence des paradis fiscaux, ne pourront y arriver seuls. Imagine-t-on la France faire la guerre à Monaco, l'Allemagne au Lichtenstein, les États-Unis à l'État du Delaware, ou la Grande-Bretagne à la City de Londres ? Ou la Commission européenne, dirigée par l'ancien premier ministre luxembourgeois

1. Source The Price of Offshore Revisited – Tax Justice Network.
2. Par des pratiques d'imposition excessive et/ou en encourageant le jeu de la concurrence fiscale à outrance.

Jean-Claude Juncker, s'attaquer… au Luxembourg ?

Le seul moyen efficace de lutter contre les paradis fiscaux est de les assécher, en incitant les flux financiers mondiaux à les éviter. C'est aujourd'hui la responsabilité des grands gérants d'actifs mondiaux. Eux seuls ont l'antidote : à eux de jouer.

– *Article 2 : « Les signataires de la charte refuseront d'investir dans les obligations d'États, et les actions d'entreprises, autorisant le travail des enfants. »*

Cet article peut être élargi et décliné de différentes façons : l'objectif est ici de protéger les personnes les plus vulnérables – les enfants – de la violence du travail imposé. Ce qui est la définition de l'esclavage. Or, là encore, les gérants d'actifs mondiaux ont non seulement une responsabilité éminente dans ce domaine, ils ont aussi les moyens de s'informer de la réalité des situations des entreprises, et des États où ils sont investis. Le montant important de leurs commissions de gestion leur donne toute latitude pour financer les voyages, études, audits, travaux de recherche de leurs propres équipes ou de cabinets d'audit et de conseil missionnés pour cela. Ces travaux d'étude et de recherche sont même la raison d'être de leurs commissions de gestion et de l'existence de leurs équipes.

Bref, quand ils investissent dans une compagnie pétrolière, un fabricant de chaussures de marque mondiale ou une société minière employant notoirement des enfants – directement ou à travers des fournisseurs ou des sous-traitants –, les grands gérants d'actifs mondiaux ne peuvent pas dire qu'ils ne savent pas ce qu'il s'y passe. Sauf à plaider un amateurisme ou un travail approximatif peu en phase avec leur rémunération et leur réputation de financiers attentifs aux moindres détails.

On parle dans ces métiers d'une approche « *nitty-gritty* », de « pinailleurs » capables de passer une société au « crible ». Cette approche pourrait être utilement appliquée, non pas seulement pour dresser des colonnes de chiffres afin de calculer les montants de bonus et « *carried-interests* » à se verser entre soi, mais aussi pour débusquer les entreprises et les lieux exploitant la misère humaine en vue d'optimiser un retour sur investissement.

Quel grand gérant d'actifs mondial, digne de ce nom et de la confiance de ses clients, accepterait de continuer de faire son métier, en fermant les yeux sur ces réalités ?

Un consensus opérationnel devrait donc être trouvé facilement pour un tel article, incontestable, mais aux conséquences potentiellement majeures. Je ne citerai pas, ici, les noms de ces compagnies pétrolières, minières, de ces fabricants de chaussures de marque mondiale profitant des formes modernes d'esclavage et de trafic humain. Ils sont connus, ont défrayé la chronique. Je constate simplement que ni la pression médiatique ni les activités des ONG et associations de consommateurs n'ont abouti à des résultats décisifs dans ce domaine.

En revanche, on peut, on doit citer les noms des dix principaux gérants d'actifs mondiaux, dont l'influence sur ces sociétés et leur management est plus directe, et plus déterminante. Et souhaiter que, dans un avenir proche, lorsqu'ils auront signé une telle charte, leurs portefeuilles d'investissements refléteront cet objectif de bien commun. Par ordre alphabétique : ADIA, Allianz, AXA, BlackRock, Crédit Suisse, Fidelity, JPMorgan, PIMCO, State Street, UBS, Vanguard[1].

– *Taux usuraires, plafonnement des rémunérations, prime à l'emploi des humains : quelles mesures prendre ?*

La liste des articles possibles pour une telle charte est longue. Si j'étais le teneur de plume de cette conférence, j'ajouterais volontiers des

1. Source www.relbanks.com. Le rapport Towers Watson fait apparaître d'autres noms tels que BNP Paribas, Deutsche Bank, Prudential, Amundi (Crédit Agricole), HSBC, Natixis, Capital Group, Franklin Templeton, Bank of New York Mellon, etc., dans le top 20.

dispositions décourageant l'investissement dans des sociétés financières pratiquant des taux usuraires. Or où se situe précisément le niveau de l'usure, dans un monde financier où l'on pratique des taux d'intérêt… négatifs ? Et où les banques peuvent se refinancer pratiquement à taux zéro. Le taux d'usure, dont une mesure en France est le taux pratiqué pour un découvert (13 % selon la Banque de France), est en tout cas bien plus bas aujourd'hui que le premier taux usuraire de l'histoire, celui du code d'Hammurabi (1750 avant Jésus-Christ), qui fixait ce seuil à 20 % et 33 %, selon le bien prêté.

Qui peut trancher un tel débat ?

De même, j'ajouterais volontiers un article incitant les gérants d'actifs à investir dans les sociétés où la grille des rémunérations limite les écarts excessifs, porteurs de tensions, de sentiments d'injustice et de violences sociales futures. Pousser les sociétés privées à étendre au maximum les possibilités de participation des salariés à la création de valeur générée par leur société, c'est-à-dire d'abord par eux-mêmes. Or combien d'entreprises, en particulier dans le domaine financier, réservent l'essentiel de ces outils de rémunération (stock-options, actions gratuites, primes) à un groupe très restreint de *happy few* au lieu de les diffuser largement dans l'entreprise et à tous les étages ?

Qui peut être le bon juge de ces mesures-là ? Il y a un siècle, le banquier américain John Pierpont Morgan, qui n'était pas précisément un bolchevik, affirmait qu'aucune société ne devrait tolérer un écart de rémunération de plus de vingt fois entre le salaire minimum et le salaire maximum. À cette aune-là, en France, aucun P-DG d'une entreprise du CAC 40 embauchant des personnes au SMIC ne pourrait toucher une rémunération supérieure à… 350 000 euros. Annuels.

Mais ce « facteur 20 » est-il la bonne mesure ? Ne faudrait-il pas, au-delà du caractère parfait et symbolique du chiffre, retenir un « facteur 12 », du nom du livre particulièrement étayé rédigé par sœur Cécile Renouard, religieuse de l'Assomption et professeur à l'ESSEC, et Gaël Giraud, père jésuite et économiste à l'École de Paris, prônant le plafonnement des revenus[1] ?

La mesure est une opinion. Qui est le mieux qualifié pour dire la juste norme ?

Pour que les entreprises exercent l'« option préférentielle pour les humains », en particulier les plus fragiles, je préconiserais par ailleurs que les gérants d'actifs mondiaux investissent en priorité dans les sociétés qui recrutent, gardent et font travailler dans les meilleures conditions possibles des êtres

1. Gaël Giraud, Cécile Renouard, *Le Facteur 12*, Paris, Carnets Nord/Éditions Montparnasse, 2012.

humains plutôt que des algorithmes. J'ai toute une panoplie de critères à mettre à leur disposition pour cela : par exemple, les ratios de chiffre d'affaires, ou de résultats, par employé. L'idée serait d'inverser l'orthodoxie dangereuse du moment, visant à maximiser le niveau de revenus et de résultats, en comprimant le plus possible la « masse » salariale, ou le capital humain – ce qui est une approche suicidaire pour l'ensemble de la société. Autrement formulé : plus le ratio chiffre d'affaires (ou résultats, ou capitalisation boursière) sur nombre de personnes employées est élevé, moins la société devrait être investie. Ce qui ne plaira pas beaucoup aux géants du numérique, qui se passent volontiers de capital humain pour faire tourner leurs services. En revanche, une telle mesure permettrait de maintenir en vie sociale, à l'intérieur de nos sociétés et non plus à la périphérie, ou dans les décharges à « déchets », le plus grand nombre d'êtres humains possible. Pas uniquement les plus compétitifs, mais aussi les « losers ». Les seniors fatigués ; les jeunes insuffisamment formés ; les fragiles[1].

Dans la même veine, j'inciterais les gérants d'actifs à investir dans les sociétés atteignant ou dépassant leurs « quotas » de personnes handicapées. Ainsi

---

1. Les États pourraient facilement encourager l'emploi dans les entreprises, en corrélant le taux d'impôts sur les sociétés au nombre de personnes employées : les entreprises ayant les effectifs les plus importants seraient les moins taxées.

que celles qui protègent le plus l'environnement. Mais, là encore, la mesure est particulièrement difficile à imposer et peut devenir très contestable. Qui est handicapé et qui ne l'est pas ? Et, en termes de respect de l'environnement, les entreprises les plus exemplaires, celles qui n'émettent aucune « empreinte carbone », ne sont-elles pas les entreprises... mortes ? Ou les moins actives ? Est-ce vraiment vers ces dynamiques de développement-là que nous voulons aller ?

De même, concernant le financement des obligations d'État, j'aimerais que les gérants d'actifs favorisent clairement les démocraties et les sociétés ouvertes, et libres, plutôt que les dictatures militaires. Mais, ce faisant, ne vais-je pas exacerber les sentiments nationalistes et les réflexes de repli sur soi, de renforcement des pratiques autocrates ?

Mais au fait, « qui suis-je pour juger ? »

En somme, pour préparer l'agenda et les priorités d'une telle conférence mondiale, nécessaire, « qui suis-je pour juger ? ». Suis-je le mieux placé pour dire ou suggérer ce qui devrait être à l'ordre du jour ? Je regarde les choses avec mon prisme très limité : celui d'un Français, de confession catholique et de culture occidentale. Et si j'espère faire progresser la notion de bien commun avec mes idées, je me sais particulièrement biaisé. Mes amis en Chine ne goûteront vraisemblablement pas mon option préférentielle pour la démocratie. Les investisseurs américains renâcleront à l'idée d'imposer des plafonds à la rémunération des succès des entrepreneurs. Les dirigeants économiques et politiques britanniques seront vent debout contre toute idée d'assèchement de leurs nombreux paradis fiscaux – des îles Vierges britanniques à Jersey, en passant par la City de Londres. Et, concernant le travail des enfants, il se trouvera plus d'un pays pauvre dans le monde pour stigmatiser cette bonne intention d'enfants gâtés des pays riches. En Somalie, pour survivre, les familles n'ont pas d'autre choix que de mettre leurs enfants au travail. Des champs jusqu'aux bateaux pirates.

Mon éthique n'est pas universelle. La vôtre non plus.

Pour que réussisse le projet d'une telle conférence – qui aboutirait à la production de pratiques voire de normes universelles de bien commun dans l'économie mondiale, appliquées par les grands investisseurs mondiaux, il faut une autorité morale qui transcende les intérêts. Qu'ils soient industriels, nationaux, culturels.

Cette autorité, nous le constatons, les grandes organisations bureaucratiques mondiales ne l'ont plus – elles pouvaient l'avoir à leur création, portées par le souffle de l'après-guerre, et le leadership américain. Celui-ci et celui-là ont disparu.

Prenons un dernier exemple, radical, montrant à quel point cette autorité morale manque au monde actuel. Imaginez que, animés d'une claire conscience du prix de la vie humaine, et de la nécessité de montrer l'exemple dans un monde de plus en plus barbare, les grands gérants d'actifs mondiaux introduisent le dernier article suivant dans leur charte : « Nous nous engageons à ne plus investir dans les 58 États où la peine de mort est légale. »

Qui pourrait aller porter ce message à Pékin, à Washington DC, à Djakarta, et dans tous les pays musulmans où cette barbarie civile est encore pratiquée, parfois à grande échelle, au nom d'une interprétation souvent politique et toujours obscurantiste des textes sacrés[1] ?

Or quelle autorité éclairée peut transcender ces intérêts, ces frontières et ces obscurantismes, sinon

1. « L'Iran, l'Irak et l'Arabie saoudite ont été responsables d'au moins 80 % des exécutions dans le monde, si l'on excepte la Chine. [...] La Chine a continué d'exécuter plus de prisonniers que tous les pays du monde réunis. Toutefois, il est impossible d'obtenir des chiffres fiables sur l'application de la peine capitale dans ce pays car ces données sont classées secret d'État. [...]. Une fois de plus, les États-Unis ont été le seul pays à procéder à des exécutions dans la région [des Amériques] en 2013 [...]. L'État du Texas a été à lui seul responsable de 41 % de ces exécutions. » Source Amnesty International.

justement l'autorité transcendantale des grandes religions *ensemble*, avec le levier de la finance ?

Des grandes religions à qui l'on confère au mieux des strapontins dans les conférences et organisations internationales. Des statuts d'observateurs. Pour ne pas dire des pots de fleurs. Cela fait toujours bien, dans le décorum du village mondial, de voir de drôles de costumes, symboles et accoutrements, n'est-ce pas ? Comme un carnaval.

J'ai encore à l'oreille cette réaction d'une figure de la vie politique locale à New York, que je consultai avant le voyage du pape à New York : « *Pope Francis at the UN ? Great photo-op !* » (*photo opportunity*).

Autrement dit : « Souriez, messieurs les leaders religieux, vous êtes filmés. Mais, de grâce, soyez brefs dans vos discours que nous n'écouterons pas. Nous avons une machine à faire tourner, ici. Les affaires sérieuses du monde, ce n'est pas pour vous. »

L'économie et la société mondiales ont payé suffisamment cher ce bannissement des grandes religions, expressions de la conscience humaine universelle, dans leurs instances dirigeantes. Il est temps de remettre ces églises-là au milieu du village mondial. Et, sinon de les suivre aveuglément, en tout cas d'écouter ce qu'elles ont à nous dire, ensemble, sur la façon de mieux faire fonctionner cette machine économique et sociale.

Parce que, de façon troublante, elles nous envoient toutes le même message : « Tuez le Veau d'or avant qu'il ne vous tue. »

L'incroyable convergence des grandes religions sur les affaires économiques et financières

Si, pour ré-humaniser nos économies, le levier à utiliser est celui de la finance éthique, la clé pour l'activer est celle que détiennent, ensemble et non séparément, les religions du monde.

Ne serait-ce que dans la religion chrétienne, l'Église catholique – et le pape François – n'a pas le monopole des doctrines sociales visant à défendre et promouvoir la dignité humaine dans nos économies et nos sociétés humaines. Loin de là. Si l'homme est une créature sacrée, créée à l'image de Dieu, alors le combat pour sa dignité est un combat commun à tous les chrétiens, qu'ils soient catholiques, protestants, orthodoxes.

Ainsi des protestants, dont l'éthique ne se limite pas à encourager et célébrer la création de richesses et la réussite individuelle, comme signe de providence divine. Max Weber, sans doute parce qu'il est plus proche de notre époque, et que son *Éthique protestante et l'esprit du capitalisme* offre bien des accommodements avec la réussite financière, est abondamment cité dans les débats ayant trait à la morale et l'économie. Mais, si l'on remonte à la source du protestantisme, ne faut-il pas citer davantage Martin Luther ? « Avec notre prochain, en toutes difficultés et en tous dangers, nous devons agir ainsi : si sa maison brûle, l'amour me commande d'y courir pour aider à éteindre. S'il y a assez de monde pour éteindre, je peux rentrer à la maison ou rester là. S'il tombe dans l'eau ou dans une fosse, je n'ai pas le droit de partir, mais je dois courir aussi vite que je peux pour lui porter secours. Si d'autres sont présents pour le faire, je suis libre. Si je vois qu'il a faim ou soif, je ne dois pas le laisser, mais le nourrir et l'abreuver, sans tenir compte du danger de devenir par là plus pauvre ou plus faible[1]. »

Le bon Samaritain, dont on retrouve ici la figure et le comportement, n'est pas catholique, ou protestant, ou chrétien : il est universel.

C'est encore, plus près de nous, un pasteur des quartiers pauvres de New York, Walter Rauschenbusch (1861-1918), auteur du Social Gospel qui influença Martin Luther King, et qui dédia sa vie à ceux qui sont « *out of work, out of clothes, out of shoes, out of hope*[2] ».

---

1. Martin Luther, *Œuvres*, tome V, Genève, Labor et Fides, 1978, p. 248.

2. « Sans travail, sans habits, sans chaussures, sans espoir », cité par Frédéric Rognon, « Les pauvres dans la tradition protestante », *Revue Quart Monde*, n° 208.

Les orthodoxes, quant à eux, ont publié en 2000 un texte historique résumant les « fondements de la doctrine sociale » de l'Église orthodoxe. Or, dans ce texte, même si les questions économiques sont moins centrales que les questions politiques et sociales, elles sont clairement abordées, notamment sous l'angle de l'inégalité des chances. Entre individus, et entre nations. Face à une minorité de personnes et de nations privilégiées, de nombreuses nations, « par leurs dettes, tombent sous la dépendance des financiers de quelques pays industriellement avancés et ne peuvent construire pour elles-mêmes les conditions d'une existence dans la dignité [...]. Dans ces populations croissent l'insatisfaction et le désenchantement[1] ».

Voilà des priorités et expressions bien familières... du pape François avant l'heure !

*

Dans la religion juive, c'est précisément dans l'Ancien Testament que se trouve la dénonciation du Veau d'or. Et c'est dans le Lévitique, troisième livre du Pentateuque – la Torah –, que se situe l'une des clés de compréhension – et de solution – les plus importantes pour nos défis environnementaux,

1. Cité par Jean-Yves Calvez s.j., « Une doctrine sociale de l'orthodoxie russe ? », *Études*, 2001/4, p. 520.

et pour nos économies aujourd'hui, en particulier celles des États et des personnes surendettés : le jubilé. Au chapitre 25, Dieu parle à Moïse sur le mont Sinaï : « Lorsque vous entrerez au pays que je vous donne, la terre chômera un sabbat pour Yahvé. » De la même façon que les êtres humains doivent, à l'image de Dieu lorsqu'Il créa le monde, se reposer un jour tous les sept jours[1], il faut faire reposer la terre une année tous les sept ans. Le temps qu'elle se reconstitue, reprenne ses forces. Sinon, nous l'épuiserions.

Cette recommandation a-t-elle fait son chemin dans les grandes conférences de Rio, Copenhague, Paris ?

« En la septième année, la terre aura son repos sabbatique. » Mais ce n'est pas tout. L'économie des hommes, elle aussi, doit avoir son repos sabbatique ! Au bout de quarante-neuf ans (sept fois sept ans), les dynamiques économiques sont telles, entre les forts et les faibles, les gagnants et les perdants, que l'on touche à une limite naturelle. Il y a saturation : les uns sont tellement criblés de dettes qu'ils ne peuvent plus les payer – et sont donc réduits en esclavage. Les autres ont tellement accumulé de richesses et de biens que la société ne peut plus tenir debout. Alors c'est le jubilé : « Vous déclarerez sainte cette

1. À chacun de choisir son jour, du vendredi au dimanche…

cinquantième année et proclamerez l'affranchissement de tous les habitants du pays. Ce sera pour vous un jubilé : chacun de vous rentrera dans son patrimoine. »

La remise de dettes, tout simplement. Parce que Dieu, qui connaît Son œuvre et le cœur des hommes, sait pertinemment que, si on laisse les « forces du marché » se déployer sans limites dans l'accumulation de richesses pour les uns et l'accumulation de dettes pour les autres, la communauté des hommes ne pourra y résister. Elle explosera, du fait d'un trop grand écart entre les richesses accumulées des uns et les servitudes ou la mise en esclavage des autres, incapables de rembourser leurs dettes. D'où le jubilé, qu'il convient d'organiser, plutôt que de subir.

En 2015, la France a annulé – seulement – un tiers de la dette que le Mali avait accumulée auprès d'elle depuis trente ans, soit 65 millions d'euros. Les grands créanciers du monde, qui ne savent plus quoi faire de leurs excédents, ne peuvent-ils pas faire de même, mais à plus grande échelle ?

Est-ce que, bien plus qu'une recommandation, ce *commandement* venu de Dieu, ne mérite pas d'être pris en considération dans une économie mondiale où l'accumulation de dettes – qui ne seront jamais remboursées, de la Grèce à la dette américaine en passant par les ménages surendettés des différents pays – répond en miroir à l'accumulation de richesses entre les mains de quelques créanciers, de moins en moins nombreux ? Est-ce que le moment de création monétaire débridée que nous vivons actuellement – à travers les politiques des banques centrales – ne préfigure pas un tel jubilé ? Un jubilé que l'on peut subir – par l'hyperinflation ou les guerres – ou organiser.

Un peu plus loin, dans le même chapitre du Lévitique, ce commandement de Yahvé : pendant le jubilé, « la terre ne sera pas vendue avec perte de tout droit, car la terre M'appartient et vous n'êtes pour Moi que des étrangers et des hôtes ». N'est-ce pas là l'expression claire de la destination universelle des biens, pilier de la doctrine sociale de l'Église catholique ?

Ce n'est pas un hasard si toutes les grandes religions du monde abordent la question centrale de l'économie en mettant la personne humaine, personne sacrée, au centre. Et ce n'est pas un hasard si ces religions se répondent et expriment des messages similaires ou convergents. Elles savent, probablement davantage que certaines philosophies laïques encourageant la toute-puissance de l'homme, à quel point nous sommes limités, fragiles. Dépendants des autres pour survivre.

Au nom de quel obscurantisme intellectuel devrions-nous nous priver plus longtemps de la sagesse de ces religions, qui puisent parfois leurs enseignements dans des expériences pluri-millénaires ? Au nom de quelle prétention intellectuelle, teintée de court-termisme, faudrait-il s'en tenir aux dernières théories macroéconomiques – qu'elles soient d'inspiration marxiste ou de l'école de Chicago – pour faire les analyses et apporter les réponses adéquates ? Cela se saurait, si les derniers modèles d'économétrie « rationnelle » comme un théorème de mathématiques avaient fait leurs preuves, en particulier sur les marchés financiers[1].

Ainsi des principes de la finance islamique, reposant sur l'équivalent de ***la doctrine sociale de l'islam***, la charia. L'interdiction formelle du *riba* n'est-elle pas cousine de l'interdiction de l'usure, ordonnée par l'Église catholique dès le IVe siècle après Jésus-Christ[2] ? De même, l'interdiction de la spéculation (*maysir*) ou du financement d'activités jugées nuisibles à la société (vente d'alcools, pornographie) résonne avec une certaine éthique judéo-chrétienne, en particulier protestante, des affaires. Enfin, la *moucharaka* (l'obligation d'investir dans les actifs tangibles,

1. Je pense en particulier à la supercherie du modèle de Black-Scholes, qui a fondé la finance optionnelle depuis 1973, et qui a volé en éclats avec la crise de 2008. Pour aller plus loin, lire le livre d'Ian Stewart (université de Warwick), *17 Equations That Changed the World*, Londres, Profile, 2012.

2. Lors du concile de Nicée, 325 après Jésus-Christ.

et de partager les pertes et profits d'une entreprise) signale une éthique de la participation, et une priorité donnée à l'économie réelle, humaine et terrestre, totalement en phase avec certains éléments de la doctrine sociale chrétienne. Ajoutons aussi que ces mesures ont permis aux gérants d'actifs islamiques d'être moins directement exposés que leurs pairs occidentaux à la crise des *subprimes*, qui était un concentré d'économie spéculative (produits dérivés) et usuraire (les taux élevés des prêts *subprimes*, offrant momentanément une surperformance pour les gérants obligataires).

Enfin, la *zakat*, acte d'aumône obligatoire, n'est rien de moins que le troisième pilier de l'islam : faire son devoir d'aumône, de charité, est constitutif de l'identité musulmane. N'est-ce pas la reconnaissance, là aussi, d'une « option préférentielle pour les pauvres », que ce devoir de redistribuer une partie de sa richesse ?

Un peu plus à l'est, vers les Indes, ***la religion hindouiste***, l'une des plus anciennes au monde, ne dit pas autre chose dans ce domaine. Le World Hindu Economic Forum, chargé de promouvoir les valeurs de l'hindouisme dans l'économie, le résume clairement avec son « *mission statement* » : « Rendre les sociétés prospères grâce à la génération et au partage de l'excès de richesses »

(« *surplus of wealth* »)[1]. Les valeurs et devoirs que promeut cette religion visant à l'harmonie des êtres – honnêteté, patience, compassion – ne peuvent s'accommoder aisément de la quête sans limites de la croissance matérielle, si elle n'est pas modérée par des valeurs spirituelles supérieures. Une quête effrénée de croissance entraînerait en effet la cupidité et la corruption, mettant en danger l'harmonie[2].

De même, *le bouddhisme*, la cinquième des grandes religions du monde, promeut des valeurs et des comportements eux aussi aux antipodes de la captation sans fin de richesses pour soi. Les principes bouddhistes de simplicité, de non-violence, à l'inverse du « toujours plus » à l'œuvre dans la plupart des grandes économies occidentales et asiatiques, doivent amener à l'objectif essentiel : le bien-être et l'harmonie.

Dans la sphère d'influence du bouddhisme, on notera que le miracle économique du Japon, de la Corée du Sud et de Taïwan après la Seconde

---

1. http://www.wheforum.org/: « World Hindu Economic Forum aim is to make society prosperous through the generation and sharing of surplus wealth ».

2. « *Harmonization is the core of Hindu thought* [...]. *Material growth, when not moderated by spiritual values, leads to greed, and greed leads to corruption.* » Subramanian Swamy, ancien ministre du Commerce de l'Inde et président du parti Janata, lors d'une conférence à Fordham University sur les *hindu economics* – http://www.legacy.fordham.edu/campus_resources/enewsroom/archives/archive_2133.asp.

Guerre mondiale, et encore très récemment aujourd'hui, s'est déployé avec des niveaux d'écarts de revenus bien plus faibles que ceux constatés dans les pays occidentaux, ou en Chine[1].

On a beaucoup moqué, en son temps, l'initiative du roi du Bhoutan, introduisant en 1972 le concept de bonheur national brut (« Gross National Happiness »), comme un pied de nez à la dictature de la mesure de la richesse par le produit intérieur brut. Quarante ans plus tard, cette initiative de quintessence bouddhiste n'est plus moquée, mais copiée dans le monde entier. Ses quatre piliers sont : le développement durable, la promotion des valeurs culturelles, la protection de l'environnement et la bonne gouvernance. En quelques années, cet indice a inspiré la Thaïlande, la Corée du Sud, le Canada (Canadian Index of Wellbeing), les villes de Goa en Inde et Seattle aux États-Unis, l'ONU et son World Happiness Report de 2011, etc.

Enfin, et sans ambitionner un tour complet des religions et philosophies asiatiques (zoroastrisme, jaïnisme, taoïsme, confucianisme), soulignons à quel point ***la religion sikh*** comporte elle aussi des

1. Un modèle appelé « Growth with equity » (la croissance avec l'équité), qui a fait ses preuves jusque dans les années 1980. Source Wang Feng, « The end of "growth with equity" ? », *Analysis from the East-West Center*, n° 101, juin 2011.

préceptes similaires ou voisins de ceux des autres grandes religions, concernant l'économie. Outre la notion de *dharamsal* – la recherche de justice et de responsabilité sociale –, le code de discipline sikh, le Rehat Maryada, indique comment un sikh doit gagner sa vie : par le travail honnête (*kirat karna*), et par l'obligation de partager avec les autres ce qu'il a généré (*wand ke chhako*). Ces deux préceptes étant deux des trois piliers de la religion sikh.

Organiser un front commun des religions pour transformer l'économie mondiale

L'évidence saute aux yeux : à l'instar de la doctrine sociale de l'Église catholique, les grandes religions, chacune avec ses mots et ses traditions, refusent certaines réalités du monde actuel : l'argent-roi, mesure de toute chose, au détriment du développement et du bien-être de la personne humaine. La croissance à tout prix, incluant l'épuisement des ressources de la Terre. L'exploitation, la manipulation, pouvant aller jusqu'au trafic humain et à l'esclavage, des êtres humains qui l'habitent.

Le moment n'est-il pas propice pour que ce socle de préoccupations et de valeurs communes devienne un agenda commun, actif et concret ?

Alors que l'on s'entretue dans le monde entier au nom des religions, voilà une occasion unique pour les grandes religions monothéistes, mais aussi les philosophies et spiritualités partageant cet agenda humaniste, de faire front commun.

Et, si l'on vise effectivement un objectif concret et non une palabre sans fin, le point d'application de ce front commun doit être, à mes yeux, la définition de nouvelles normes et meilleures pratiques avec les principaux acteurs de l'économie mondiale aujourd'hui. Au premier rang de ces acteurs figurent effectivement les grands investisseurs mondiaux. Ceux qui sont capables d'orienter, à la vitesse de l'éclair, des milliers de milliards de dollars au bon – ou au mauvais – endroit.

Devront par ailleurs être sollicités les autres grands acteurs transnationaux de l'économie mondiale, capables, eux aussi, de dépasser les limites et frontières de leurs intérêts nationaux ou privés. Dans cette population, les entrepreneurs et chefs d'entreprise consacrant une part significative de leur fortune et de leur énergie au bien commun seront des contributeurs de choix. Je pense ici tout particulièrement aux grands philanthropes, américains, moyen-orientaux et asiatiques. En attendant que ceux de la vieille Europe les rejoignent.

Une telle conférence serait en quelque sorte un « G20 des sociétés civiles et religieuses », pour réussir là où le G20 des États a tristement échoué à produire des normes de meilleures pratiques, et un nouveau cadre pour faire repartir l'économie mondiale sur les bons rails après le coup de semonce de la crise de 2008. Mais cet échec du G20 des États était couru d'avance : dans une économie totalement mondialisée, aucun État-nation, si puissant soit-il, n'est en mesure d'apporter une réponse efficace aux enjeux actuels. Et la coordination d'agendas nationaux, naturellement en compétition les uns contre les autres, garantit l'échec. Ou des résultats médiocres.

Il ne faut pas enterrer trop vite les États : à la faveur d'événements dramatiques tels que les guerres ou les catastrophes, c'est toujours vers eux que l'on se tourne pour mettre en œuvre des solutions d'intérêt général. Un temps viendra où ils seront de nouveau sollicités pour agir, cette fois-ci efficacement, sur nos déséquilibres économiques et financiers, donc à l'intérieur d'une coordination internationale. Mais, d'ici là, on peut s'appuyer sur cette force capable de transcender les frontières, et de créer du bien commun : les religions ensemble, irriguant de leur conscience commune les grandes capacités de la finance internationale.

« Drôle d'attelage », moqueront les cyniques ? Sans doute cette combinaison paraîtra-t-elle improbable à certains. « *Chicken talking to a duck.* » D'autres seront chagrinés de voir les grandes religions s'abaisser à discuter *cash-flows*, retours sur investissement, plafonnement des rémunérations et interdiction des paradis fiscaux.

Aux uns et aux autres, on opposera ce qui a été sans doute la plus belle réussite du XXe siècle : la création de l'Union européenne, à partir d'une idée à peu près aussi loufoque. Amener les grands ennemis d'hier, l'Allemagne et la France, à discuter, au milieu de nulle part (le grand-duché du Luxembourg), de quotas de charbon et d'acier au début des années 1950, était-il plus improbable ? Les soixante années de paix et de prospérité qui ont suivi sur le continent européen montrent à quel point l'idée bizarre, inédite, de Jean Monnet, parce qu'elle a été proposée au bon moment, sur un objet très concret, et mise en œuvre avec le sentiment de l'urgence, était une évidence.

J'ai le même espoir pour cette idée de conférence entre grandes religions, grands investisseurs et acteurs majeurs de la société civile, en attendant que les États la rejoignent, pour la mise en place de normes efficaces et exécutoires. Mon espérance est qu'elle se tienne le plus tôt possible et porte ses fruits, avant l'occurrence de la prochaine crise financière mondiale.

Il n'est pas nécessaire d'attendre un effondrement pour dessiner les plans d'un nouvel édifice.

Il n'est pas souhaitable d'attendre un troisième conflit mondial pour jeter les bases d'un nouveau Bretton Woods.

De l'autre côté du mur

> « … Celui qui croyait au Ciel, celui qui n'y croyait pas
> Qu'importe comment s'appelle cette clarté sur leurs pas
> Que l'un fût de la chapelle et l'autre s'y dérôbat. »
>
> Louis Aragon, « La Rose et le Réséda », *La Diane française*, 1944

New York, Four Freedoms Park, le 3 juin 2015

Où organiser une telle conférence, et sous quel leadership ? À Rome la catholique ? À Genève la calviniste ? À New York ?

Il n'y aura pas de leadership « religieux » ou culturel pour une telle conférence œcuménique, concrète, et en prise avec la réalité économique et démographique du XXIe siècle.

D'ailleurs, cette conférence, pour réussir, s'attachera à inviter non pas des « leaders » religieux ayant un agenda potentiellement politique, mais plutôt des croyants de ces différentes religions, légitimes dans les affaires économiques, et désireux de s'investir dans une démarche totalement œcuménique. L'œcuménisme incluant les représentants des philosophies laïques, qu'il s'agisse de confucianisme ou d'humanisme républicain.

L'endroit de cette conférence ne sera pas en Occident – nous ne sommes plus au XXe siècle. Mais quelque part entre l'Asie, l'Afrique et le Moyen-Orient, dans un de ces pays, ou une de ces villes, où vivent ensemble depuis des millénaires les différentes cultures et religions du monde, qui menacent de se dresser les unes contre les autres. Jérusalem, Beyrouth ou Bénarès, ville sainte de l'hindouisme où cohabitent chrétiens, musulmans, bouddhistes, seraient des lieux particulièrement signifiants.

« C'est très bien, cette idée de conférence. Mais vous allez pondre des normes, des *best practices* pour quoi faire ? Pour quel objectif, au juste ? C'est cela, ton rêve : une conférence technique ? »

L'apostrophe de cet ami new-yorkais, à qui je faisais part de cette idée de « G20 des sociétés civiles et religieuses », n'est pas restée sans réponse. Non, mon rêve, ou mon ambition, ne se limite pas à une « conférence technique » qui aurait vocation à transformer, le plus rapidement possible, les pratiques financières des principaux acteurs de l'économie mondiale, grâce aux enseignements communs des grandes religions et philosophies humanistes dans ce domaine. Ce qui ne serait déjà pas médiocre. Mais cette étape vers un objectif plus ambitieux est à portée de main. Elle est réaliste et réalisable dans un délai rapide. Or je suis convaincu que l'imminence de la prochaine crise financière transformera cette idée en évidence. Le travail commun, pragmatique et concret des sociétés civiles et religieuses réussira là où la coordination des États, devenus trop dépendants de la finance, aura échoué.

D'ailleurs, depuis la crise de 2008, de nombreuses initiatives interreligieuses commencent à investir le champ de l'économie. Ainsi, la Banque mondiale dirigée par Jim Yong Kim s'est assurée d'associer, à la poursuite de son objectif d'éradiquer la très grande pauvreté d'ici 2030, des dizaines d'organisations religieuses (« *faith-based organisations* »), au sein de plusieurs projets[1]. Mais,

1. Global Partnership for Social Accountability (GPSA) ; conférences des 7-9 juillet 2015 sur le développement durable, etc. Lors du lancement de cet effort le 9 avril 2015, Jim Yong Kim justifiait ainsi l'inclusion des religions dans les programmes de la Banque mondiale : « *I believe that some of the most important leaders in the movement to end extreme poverty will be people of faith, people who are motivated fundamentally to help the most vulnerable among us.* »

comme l'indique le révérend Adam Russell Taylor, responsable des initiatives interreligieuses de la Banque mondiale, « c'est d'abord sur le terrain, localement, que les organisations d'inspiration religieuse (“*faith-based organisations*”) peuvent faire la différence, pour que l'aide au développement réussisse concrètement, ou échoue. La bonne allocation des ressources, la motivation des personnes sur le terrain, dépendent souvent de l'action concrète de ces organisations[1] ».

Dans le monde économique complexe du XXIe siècle, où il faut à la fois agir localement avec efficacité, et penser mondialement avec justesse, l'implication des religions est un facteur clé de succès. Ou d'échec. Était-ce bien clairvoyant de les avoir systématiquement écartées des lieux et conférences où se fabriquent les normes et se prennent les décisions pour l'économie mondiale ?

*

Éradiquer la pauvreté d'ici 2030 avec l'implication active et le respect mutuel des différentes religions et philosophies humanistes. Construire une économie et des sociétés plus humaines, à l'aide de normes et de références puisées dans ces

1. Entretien avec l'auteur, le mardi 2 juin 2015 à la Banque mondiale.

héritages pluriséculaires. Ce n'est pas une utopie. « Ce n'est pas la vision d'un millénaire éloigné. C'est la base précise du genre de monde réalisable à notre propre époque et par notre génération[1]. »

Une de mes sources d'inspiration est ce discours des « quatre libertés », de Franklin D. Roosevelt, qu'il prononça le 6 janvier 1941, avant l'entrée en guerre des États-Unis. Ce discours[2], je le retrouve en face de moi, cet après-midi de juin 2015, sur une stèle en marbre du Four Freedoms Park, à la pointe sud de Roosevelt Island, quasiment en face de l'ONU – une organisation largement inspirée par Roosevelt. William Bill vanden Heuvel, ambassadeur américain, ancien conseiller des Kennedy, et à qui l'on doit ce monument, rappelle au petit groupe venu l'honorer lors d'une réception ce jour-là la personnalité hors du commun de Franklin D. Roosevelt. Ce leader du monde libre « qui ne pouvait ni marcher ni même se tenir debout » depuis l'âge de trente-neuf ans, et qui incarna l'optimisme,

1. « *That is no vision of a distant millennium. It is a definite basis for a kind of world attainable in our own time and generation.* » Les New-Yorkais retrouveront ce discours sur la stèle du Four Freedoms Park, au bout de Roosevelt Island, en face du bâtiment de l'ONU – organisation largement inspirée par Roosevelt.

2. Franklin Roosevelt définissait dans ce discours les raisons profondes, les valeurs ultimes pour lesquelles les États-Unis sont prêts à se battre : les quatre libertés fondamentales. À savoir la liberté d'expression ; la liberté de religion ; la liberté « matérielle » – « *freedom from want* » ; et la liberté de ne pas avoir peur – « *freedom from fear* ».

l'esprit de résistance, le goût de la liberté, dans une période du XXe siècle où dominaient le pessimisme, l'esprit de défaite, la tentation des dictatures rouges ou brunes.

Où sont, dans les sphères économiques et politiques, les Roosevelt du XXIe siècle ? Ceux qui sont capables de prendre le monde tel qu'il est – plein de barbarie et de sauvagerie – mais qui refusent la double tentation du cynisme (profiter de la barbarie du monde, notamment économique) et du découragement ? Aux quatre coins du globe, on a beau chercher longtemps parmi les leaders politiques et économiques, personne n'émerge à ce jour.

*

Mon rêve va plus loin que cette étape importante et concrète d'une initiative interreligieuse pour remettre la personne humaine au centre du jeu économique. Je le puise dans mon identité, et mes limites.

Je suis, à plusieurs titres, un privilégié de la vie. Je suis né au bon endroit, dans un pays riche du nord de la Méditerranée – ce cimetière marin où se noient chaque jour des dizaines de personnes fuyant la guerre et la misère. J'ai grandi dans un milieu aisé, au sein d'une famille aimante et unie, qui m'a apporté la culture et le goût du travail me permettant de réussir dans mes études, puis dans ma vie professionnelle.

Enfin, j'ai eu la chance de faire, assez jeune, l'expérience de mes limites. La chance de trébucher et de me relever.

Or mon métier – qui n'est pas si éloigné que cela du rôle qu'avaient certains jésuites français, devenus les « confesseurs des rois » – m'amène à fréquenter et conseiller les puissants. Les grands gagnants de l'économie mondiale. Parmi eux, des responsables politiques et économiques, des dirigeants d'entreprises et les membres du club des 0,00003 % de la population mondiale, identifiés par le magazine *Forbes* comme les 1 826 milliardaires de la planète.

Je suis donc bien placé pour connaître tout ce qui les sépare de la condition humaine « normale » : leur énergie hors du commun. Leur capacité à prendre des risques, à avancer et trancher, en ne se laissant jamais ou si peu travailler par le doute sur eux-mêmes. Leur charisme. Leur capacité à imposer leurs vues.

Et, en même temps, je connais bien leurs fragilités et leurs angoisses. L'anxiété qui est la leur concernant le monde qu'ils vont laisser à leurs enfants. Leurs inquiétudes pour ceux des membres de leurs familles qui réussissent moins bien, qui trébuchent, ou qui connaissent le handicap.

Je constate quotidiennement chez eux à quel point est présente cette conscience de la fragilité des situations et des positions, dans cette économie de « *winner-takes-all* », qui est trop souvent une économie de « *killer-takes-all* ». Ceux qui affirment le contraire se mentent à eux-mêmes, et ils le savent.

Les grands gagnants de l'économie mondiale, eux aussi, craignent pour l'avenir de leurs enfants. Eux aussi, comme le pape François et les doctrines sociales des grandes religions, trouvent absurde le moment que nous traversons, de production et de consommation de richesses à outrance – et d'éviction des êtres humains. Ils ont beau en bénéficier très directement, ils savent au fond d'eux-mêmes (et l'expriment parfois – plus souvent en privé qu'en public) que cet excès de richesse financière, et cette pression accrue sur les pourvoyeurs de travail – les humains – ne durera pas.

C'est par dizaines que je reçois des *curriculum vitæ* de jeunes diplômés, archiformés, ayant coché toutes les cases pour être prêts à rentrer dans la vie active. Et pourtant, notre société les laisse, longtemps, au bord de la route. Si eux ne trouvent pas de travail, ou, lorsqu'ils en trouvent un, se battent quotidiennement avec la peur au ventre pour le garder, alors peut-on seulement imaginer la détresse de ceux, encore plus nombreux, moins formés, moins aguerris, et n'ayant pas les bons réseaux ? La détresse, ou la colère, qui les font prendre les chemins de traverse les plus dangereux pour eux-mêmes, et pour nous, des paradis artificiels aux enfers, biens réels, du soi-disant djihadisme en Syrie et en Iran[1].

Voilà mon espoir, et mon rêve, au-delà du projet concret d'organiser cette conférence des sociétés civiles et religieuses pour ré-humaniser nos économies et sociétés. Je rêve que, un jour proche, les grands gagnants de l'économie mondiale prennent *ensemble* conscience de leurs propres limites, pour enclencher cette révolution copernicienne : renverser les tables de la loi du plus fort, pour mettre en œuvre la loi du plus fragile. Rouvrir l'horizon et le ciel d'une société fermée sur elle-même, repliée sur ses biens dérisoires.

Or ce rêve n'est-il pas en train de devenir une réalité agissante sous nos yeux ? Je constate, même dans les entreprises les plus grandes et les moins réputées pour leurs largesses, qu'un mouvement de fond s'enclenche, pour améliorer les conditions de vie et de travail du plus grand nombre. Au printemps 2015, le distributeur américain Walmart relevait à 9 dollars de l'heure le salaire minimum de 500 000 de ses employés, soit 25 % au-dessus du

1. « [Les jeunes Européens en Syrie et en Irak] seraient 3 000 aujourd'hui. Il pourrait y en avoir 5 000 avant l'été et sans doute 10 000 avant la fin de l'année. » Manuel Valls, Premier ministre de la France, 8 mars 2015 (RTL).

salaire minimum fédéral. McDonald's et d'autres grandes enseignes américaines lui emboîtèrent le pas, tandis que Microsoft se décidait à refuser de travailler avec des fournisseurs n'accordant pas un minimum de quize jours annuels de congés payés. Ceux qui resteront à la traîne de ce mouvement ne vont-ils pas devenir les grands perdants de la nouvelle donne ?

De même, un débat sérieux commence à s'ouvrir sur la nécessité de « décorréler » la rémunération des êtres humains de leur contribution directe à l'économie productive, ou de leurs titres de propriété. Cette idée d'un revenu universel a déjà deux siècles d'existence. Sa paternité en revient à Thomas Paine – qui proposait de taxer la rente des propriétaires terriens anglais (de moins en moins nombreux), pour la redistribuer à tous, en « revenu universel ». La terre étant un bien commun[1]. La robotisation de pans entiers de l'économie va mettre tellement de personnes sur le carreau que cette idée hier utopique de « revenu d'existence » aura demain la force d'une évidence.

Quant à l'utopie apparente du « jubilé » des dettes, le leader mondial des cabinets de conseil, le groupe McKinsey, le recommande noir sur blanc dans son étude récente sur l'explosion des dettes publiques dans le monde depuis la crise de 2008.

1. Agrarian Justice, 1795.

Le « stock » de dettes mondiales est aujourd'hui de 199 000 milliards de dollars, soit 286 % du PIB mondial. En seulement six années, ce stock a crû de 57 000 milliards de dollars. Il est simplement impossible à rembourser : le principal, mais aussi, bientôt, les intérêts, lorsque les taux, inéluctablement, remonteront. Tôt ou tard, il n'y aura pas de solutions plus raisonnables que celles qui consisteront à organiser pacifiquement, par la concertation entre États, l'effacement d'une grande partie de ces dettes[1]. Ne pas le faire reviendrait à laisser le champ libre à des épisodes de guerres ou d'hyperinflation, qui poussent chaque fois les hommes au pire. La France en 1793 et l'Allemagne dans les années 1920-1930 en témoignent.

Face au déluge de profits qui n'arrivent pas à se réinvestir dans l'économie dynamique[2], et face à l'exacerbation des disparités sociales, une prise de conscience mondiale s'opère. Je constate que, dans les sphères dirigeantes de l'économie, progressent à grande vitesse l'idée et la pratique de la philanthropie.

1. À suivre en particulier la piste très intéressante développée dans ce rapport prônant un effacement de la part des dettes publiques détenues par les banques centrales. « Consider a broader range of tools for resolving sovereign debt », p. 97, rapport « Debt and (not much) deleveraging », février 2015, McKinsey Global Institute.

2. Par opposition à l'économie immobile, celle qui consiste à stocker l'excès de richesse dans des biens non ou peu productifs – immobilier, art, etc.

Non pas le « *naming* » ou l'accumulation d'œuvres d'art, mais la vraie philanthropie. Le don sans retour égotique de son argent, son énergie et ses talents d'organisateur, pour aider les plus pauvres. Il viendra un jour, probablement assez proche, où ceux des 1 826 milliardaires mondiaux qui n'auront pas, à l'instar de Warren Buffett ou Bill Gates, promis de léguer au moins la moitié de leur fortune avant leur mort seront pointés du doigt comme les vrais « losers » de l'économie mondiale. Ceux qui ont tellement peur pour eux-mêmes qu'ils préfèrent tout mettre de côté. Le loser, au XXIe siècle, ce sera l'Avare de Molière. L'oncle Picsou de Walt Disney. Celui qui, à l'instar des pharaons d'Égypte, voudra se faire enterrer avec son or. Les *winners* sont déjà connus : aux États-Unis, on les trouve du côté des près de 200 signataires du « Giving Pledge[1] ». Et dans le monde entier, le prince de la philanthropie est aujourd'hui un Saoudien : le prince Alwaleed bin Talal, qui a annoncé le 1er juillet 2015 qu'il léguerait la totalité de sa fortune, soit plus de 30 milliards de dollars dans les prochaines années. Qui dit mieux ?

La bonne nouvelle, c'est donc que l'élite mondiale s'approprie ***ce défi d'une économie du partage et du***

1. Le « Giving Pledge » est une campagne lancée par Warren Buffett et Bill Gates pour pousser les milliardaires du monde entier à donner au moins la moitié de leur fortune de leur vivant, ou à leur mort. La liste complète et les engagements écrits des différents donateurs se retrouvent sur www.givingpledge.org.

don, et va y consacrer toute son énergie, son intelligence et ses capacités. Parce qu'elle se sait concernée, au premier chef. Ainsi des grands investisseurs mondiaux, dont le métier, de plus en plus robotisé, commence à perdre son sens et sa justification économique, dans un environnement de bulles spéculatives à répétition, de taux d'intérêt négatifs. Bientôt, il en ira de leur propre survie économique qu'ils mettent en place ces outils et produits de finance éthique décrits plus hauts. Ils pourront ainsi se distinguer des « traders » et des vendeurs de produits quasi gratuits répliquant des indices boursiers, sans aucun service ni « plus-value » pour le client.

La bonne nouvelle, c'est que cette économie du partage et du don est désormais techniquement possible grâce aux nouvelles technologies. Du covoiturage ou de la colocation à l'e-learning gratuit, de l'échange de biens et de services sur des plateformes dédiées, où la transaction monétaire n'est plus nécessaire, les conditions sont réunies pour transformer nos sociétés et nos économies vers des univers de moins en moins marchands.

La bonne nouvelle, c'est que nous approchons du moment où la valeur suprême de nos sociétés, l'argent, va tomber de son piédestal. À force de jouer avec cette richesse électronique si peu tangible, de manipuler les monnaies du monde entier, de concentrer la richesse dans quelques mains, toujours plus rares, nous sommes en train de le disqualifier. Le

Veau d'or n'a jamais été si étincelant, et pourtant il fond sous nos yeux. Il va bientôt être remplacé par des valeurs plus sûres. Plus humaines.

La bonne nouvelle, c'est que les 1,2 milliard de catholiques, censés suivre la doctrine sociale de l'Église, ne sont pas seuls à espérer ce renversement. Les croyants des autres grandes religions, tout comme ceux qui adhèrent aux courants de pensée humanistes, ont eux aussi conscience de cette fragilité des êtres – qui est justement ce que nous avons de plus sacré. Cette conscience de notre fragilité est aux antipodes de l'imposture transhumaniste, qui voudrait abolir les frontières de la vie et de la mort, transformer les êtres humains en machines toutes-puissantes et sans âme. La conscience de notre fragilité viendra à bout du mauvais catéchisme des disciples d'Ayn Rand, qui croient toucher à l'infini et à la plénitude de leur être en se laissant aller à l'ivresse de leur suprématie – qui n'est qu'une illusion. L'illusion de l'omnipotence d'un être humain augmenté et sans limites, seul face à un Ciel fermé.

La bonne nouvelle, c'est que le moment approche pour un tel renversement. Le monde économique, en ce début de XXIe siècle, est devenu tellement violent, dur pour ses victimes – et elles sont nombreuses : chômeurs, jeunes, vieux, migrants, handicapés –, que chacun sent confusément, là où il est, que cette spirale va s'interrompre. Nous allons bientôt en toucher la pointe. Le pinacle.

C'est à ce moment précis que nous devrons mettre en œuvre, ensemble, la loi du plus fragile. L'option préférentielle pour les plus fragiles, qui fait qu'une société humaine peut tenir debout au lieu de se déliter et de se lancer dans la guerre. Au lieu de s'autodétruire dans la compétition pour le pouvoir absolu et la domination de l'autre.

La bonne nouvelle, c'est que, dans une économie et une société totalement mondialisées, nous sommes conscients de notre interdépendance. Aucun individu, aucun pays, aucune culture ni religion, ne s'en sortira seul, ou contre l'autre. Nous avons besoin que l'autre réussisse, trouve sa place dans la société, pour que nous vivions nous-mêmes en paix. L'autre, c'est le migrant, le pauvre, le chômeur. Celui qui croit au même Ciel que moi, mais avec d'autres textes, et d'autres traditions que les miennes. Et celui qui ne croit pas au Ciel, mais qui croit comme moi en l'homme, et dans le caractère sacré de ses limites et de sa fragilité.

« *For, in the final analysis, our most basic common link is that we all inhabit this small planet. We all breathe the same air. We all cherish our children's future. And we are all mortal*[1]. »

John Fitzgerald Kennedy, ce « jeune homme riche » épris de justice sociale et d'espérance pour

1. « Car, au final, nous habitons tous cette même petite planète. Nous respirons tous le même air. Nous chérissons tous l'avenir de nos enfants. Et nous sommes tous mortels. »

son pays et le monde, fut le premier président catholique des États-Unis, avec ses failles, sa part d'ombre, et sa lumière. Il a prononcé ces mots lors de son discours pour la paix, à l'American University le 10 juin 1963, peu de temps après la crise des missiles de Cuba, pendant laquelle le monde a frôlé la catastrophe.

Cinq mois plus tard, il était assassiné. Il avait quarante-cinq ans.

De combien de temps chacun dispose-t-il, là où il est, pour faire émerger autour de lui une communauté humaine plus juste et moins violente ? Une société du partage et non de la prédation. Une société qui privilégie le bien-être plutôt que l'avoir. Une société, enfin, qui mette au cœur de son projet la protection des plus fragiles, de l'enfant à naître jusqu'à celui d'entre nous qui nous quittera le premier.

Autreville-sur-la-Renne,
le 18 juillet 2015

Épilogue

Un Savetier chantait du matin jusqu'au soir :
C'était merveilles de le voir,
Merveilles de l'ouïr ; il faisait des passages,
Plus content qu'aucun des Sept Sages.
Son voisin au contraire, étant tout cousu d'or,
Chantait peu, dormait moins encor.
C'était un homme de finance.
Si sur le point du jour, parfois il sommeillait,
Le Savetier alors en chantant l'éveillait,
Et le Financier se plaignait
Que les soins de la Providence
N'eussent pas au marché fait vendre le dormir,
Comme le manger et le boire.
En son hôtel il fait venir
Le Chanteur, et lui dit : Or çà, sire Grégoire,
Que gagnez-vous par an ? Par an ? Ma foi, monsieur,
Dit avec un ton de rieur
Le gaillard Savetier, ce n'est point ma manière
De compter de la sorte ; et je n'entasse guère
Un jour sur l'autre : il suffit qu'à la fin
J'attrape le bout de l'année :
Chaque jour amène son pain.

Eh bien, que gagnez-vous, dites-moi, par journée ?
Tantôt plus, tantôt moins, le mal est que toujours
(Et sans cela nos gains seraient assez honnêtes),
Le mal est que dans l'an s'entremêlent des jours
Qu'il faut chômer ; on nous ruine en fêtes.
L'une fait tort à l'autre ; et monsieur le Curé
De quelque nouveau saint charge toujours son prône.
Le Financier, riant de sa naïveté,
Lui dit : Je vous veux mettre aujourd'hui sur le trône.
Prenez ces cent écus : gardez-les avec soin,
Pour vous en servir au besoin.
Le Savetier crut voir tout l'argent que la terre
Avait, depuis plus de cent ans
Produit pour l'usage des gens.
Il retourne chez lui ; dans sa cave il enserre
L'argent et sa joie à la fois.
Plus de chant ; il perdit la voix
Du moment qu'il gagna ce qui cause nos peines.
Le sommeil quitta son logis,
Il eut pour hôte les soucis,
Les soupçons, les alarmes vaines.
Tout le jour il avait l'œil au guet ; et la nuit,
Si quelque chat faisait du bruit,
Le chat prenait l'argent : à la fin le pauvre homme
S'en courut chez celui qu'il ne réveillait plus.
Rendez-moi, lui dit-il, mes chansons et mon somme,
Et reprenez vos cent écus.

Jean de La Fontaine,
« Le Savetier et le Financier »,
deuxième recueil des *Fables* (1678)

Remerciements

Ce livre n'existerait pas sans la patience, l'amitié et la ténacité de Manuel Carcassonne, mon éditeur et ami depuis dix ans.

Je remercie avec lui toutes les équipes de Stock pour leur implication, en particulier Capucine Ruat et Solveig de Plunkett.

Je remercie enfin toutes celles et ceux qui ont inspiré, relu et critiqué mon texte, qu'ils en partagent ou non la philosophie. Au risque d'oublier plus d'un nom, je voudrais saluer ici Léo Apotheker, Jean Cailliau, Henri de Castries, Étienne Celier s.j., Gaël Giraud s.j., François Godement, François Villeroy de Galhau.

Alexandra, et nos filles.

TABLE

Cet ouvrage a été composé
par Nord Compo à Villeneuve-d'Ascq (Nord)
et achevé d'imprimer en France
par CPI Bussière
à Saint-Amand-Montrond (Cher)
pour le compte des Éditions Stock
31, rue de Fleurus, 75006 Paris
en novembre 2015

Imprimé en France

Dépôt légal : novembre 2015
N° d'édition : 02 – N° d'impression : 2019778
51-07-4400/1